고바우
김성환 화백의

일본 **거상기담**

고바우
김성환 화백의

일본 거상기담

김성환 지음

'재벌'이라고 하면 일반적으로 그 이미지가 좋지 않은 것 같다.

그러나 '대기업가'라고 하면 긍정적인 이미지를 지니게 된다.

공산주의 사회에선 이런 층이 있을 수 없다. 모조리 국영 기업이고 개인 기업은 없기 때문이다.

사람도 그렇지만 국가도 가난하면 우선 업신여겨지게 되고 연민의 정이 어린 눈으로 보게 된다. 남보다 잘산다고 못 가진 자에게 교만해진다면 교양이 없는 사람이라기보다 죄인같이 보여질 수도 있다.

나라가 경제발전이 됐다면 그것에는 기업인의 남모를 눈물과 땀과 꿈과 신념의 결정체가 있다고 볼 수 있다. 온갖 고통의 과정을 거쳐 간 사람으로 보아도 된다. 우연히 유전을 발견하거나 금광을 발견했다면 타고난 운이라고 볼 수도 있지만 그런 일은 약 100년 전의 일이고 현대에는 거의 각자의 노력에 의한 성공담이 된다.

그럼 각 업체를 일으키고 기업으로 성장시킴으로써 경제발전에 이바지한 사람들의 지나간 기록을 한번 음미해 보는 것도 여러 면에서 도움이 될 것 같다.

물론 본인의 회고담이나 기업의 기록을 토대로 해서 쓴 것이 되므로

더러 과장이 되거나 미화된 점이 있을 수 있다. 그 이면엔 불미스러운 기록도 있을 수 있다.

　또 성공한 기업체의 창업주 중에는 선친의 재산을 토대로 해서 성공한 사람들도 있겠으나 여기엔 주로 어려서부터 갖은 고난을 겪음으로 해서 기업을 성취한 이들을 다루었다. 현실의 어려움 속에 고민하는 젊은이들에게 가냘프나마 희망의 호롱불이 된다면 더 이상 바랄 게 없겠다. 그런고로 이 책冊의 내용은 정사正史로 보지 말고 하나의 에피소드집集이요 참고자료로 읽어주길 바란다.

　일본의 역사를 침략의 역사로 볼 수도 있지만 따지고 보면 이것은 정치가, 즉 권력과 군벌에 의한 것이고 경제발전은 다른 측면으로 보아야 할 것 같다. 물론 정치와 실업은 불가분의 관계가 있지만 여기에선 되도록 개인의 노력에 의해 경제발전에 이바지한 사람들을 대상으로 골라보았다.

2016년 3월
김성환

| 차례 |

일본의 거상들을 통해 본
성공하는 사람들의 7계명

끝임없이 심신을 수양하고 쇄신하라 7계명

日本巨商奇談

고바우
김성환 화백의
일본 거상기담

1계명

끌려다니지 말고
주도하는 삶을 살아라

이름부터 높은 이익
미쓰이 타카토시三井高利

미쓰이 타카토시三井高利는 서기 1622년에 영세상인의 여덟 형제 중 막내 아들로 태어났다. 그는 열네 살 때 맏형이 옷가게를 경영하고 있는 에도(江戸: 지금의 동경)에 올라가서 상술을 배우고자 일을 도왔는데 아우의 영리함에 너무나 놀란 맏형이 두려움을 느껴 고향인 마쓰사카松坂로 쫓아 보냈다.

여기서 타카토시高利는 이자놀이업業으로 돈을 벌고 있다가 1673년 맏형이 사망하자 다시 '에도'로 올라가 에치고야(越後屋: 옷 백화점)를 개점했고 교토京都에도 지점을 냈다. 그런데 여기서 종래의 상술을 과감하게 탈피, 여지껏 가가호호를 돌아다니며 팔던 방문판매와 물건값의 흥정판매 방법을 완전히 반대로 바꿔 놓았다. 즉 큰 점포를 여기저기 차려놓고 고객들이 찾아오게끔 하는 한편 철저한 '박리다매'와 '현금정찰제'를 실시한 것이다.

이것이 화젯거리가 되어 히트를 하자 동업자들의 극심한 방해를 받아 가게를 이곳저곳으로 옮겨야 했다. '에도'와 '교토'에 이어서 오사카大阪의 고라이바시高麗橋 옆에 커다란 오복점(吳服店: 주문받은 옷과 기성복을 판매하는 양복점)을 개업해 크게 성공하고 뭇사람들의 신용을 얻자 도쿠가와德川家康 막부(내각과 같은 권부)의 공용公用피복상과 공금公金을 취급하는 정부의 금융교환업을 하명받아 엄청난 축재를 하기에 이르렀다. 그는 1694년 죽음을 앞두고 현금자산 8만 1천 냥을 10남 5녀의 자식들에게 분할해 주지 않고 통틀어 모아서, 미리 정한 이익배분율에 따라 관리하도록 했다. 오늘의 용어로 말한다면 일종의 합명회사合名會社가 된 셈인데 자본분할을 안 한 것이 결국 일본 최대 재벌의 하나인 미쓰이三井 재벌 축성의 기초가 되었던 것이다.

이름 자체도 높은 이자나 이익이란 뜻을 상징하듯 타카토시高利라 붙인 게 재미있다. 아마도 어렸을 때의 아명은 아닌상 싶다. 훗날 타카토시는 자기 회사의 총지배인으로, 과자점을 경영하는 소상인 집에 데릴사위로 들어가 있던 미노무라 리자에몬三野村 利左緯門을 기용, 새로이 설치한 외국담당御用所營業 부문을 담당케 해 재능을 발휘케 했다.

명치유신明治維新 후에는 신정부 고관과의 교류를 바탕으로 제1국립은행 발기인이 되는 등 신임을 얻고 미쓰이가家의 전권을 위임받아 나중에 미쓰이은행三井銀行 · 미쓰이물산三井物産을 창립케 해서 오늘날의 미쓰이 재벌로 키워놓았다. 말하자면 타카토시는 자기 직계자손보다 능력이 있는 전문경영인을 알아보는 안목까지 갖추고 있었던 것이다.

항구 건설의 천재
핫도리 쵸오시치
服部長七

　서기 1881년(명치 14년)의 일이다. 일본 히로시마廣導의 우시나宇品 해변
가에, 노무자들이 주로 묵는 데라다야寺田屋라는 싸구려 여인숙이 있었다. 어
느 날 이 여인숙에 낚시대와 망태기를 걸머진 40대 후반 낯선 남자가 들
어왔다. 그런데 며칠이 지나가자 사람들은 묘한 눈초리로 이 사람을 보
게 되었다. 낚시대를 걸머쥐고 아침에 일찍 나갔다가 저녁에 돌아오면
고기라도 몇 마리 잡아와야 당연하겠는데, 생선이라곤 피라미 한 마리
도 잡아오지 않는 것이었다. 여인숙 여주인도 하루 종일 바닷가에 나갔
다가 빈손으로 돌아오는 이 손님을 이상하게 생각해 숙박부를 펼쳐보니
까 이름은 핫도리 쵸오시치服部長七요, 태어난 곳은 미카와국 헤키카이군
三河國 碧海郡이고, 직업은 '토목청부업'으로 되어 있었다.

'고기를 잡지 않는 낚시꾼'이라는 수수께끼를 풀고자 어느 날 저녁 찻잔을 들고 2층방으로 올라간 여주인은 또 한 번 고개를 갸웃거리지 않을 수 없었다. 손님은 짚신을 몇 켤레씩 쌓아놓고 짚신바닥에다 먹으로 글을 쓰고 있었기 때문이었다. 종이나 기왓장, 대나무껍질이나 나무에 글을 쓰는 건 보아왔지만 짚신에 글을 쓰는 건 생전에 처음 보았다. "무엇을 하시는가요"라고 묻자 "짚신에 표시를 하는 걸세"라고 무뚝뚝하게 답변하는 것이었다. 그러면서 "나는 고기를 낚으러 바다로 나가는 게 아니라 짚신을 낚으러 바다로 나간다"면서 "사실은 이걸로 바다의 조류를 측정하는 걸세"라고 말하는 것

이었다. 궁금해진 여주인이 "왜 조류를 측정하느냐"고 묻자 이 우시나에 항구를 만들어달라는 의뢰를 받았다는 것이었다. 그리고 이틀이 지난 후 이 싸구려 여인숙집은 그만 발칵 뒤집어지는 소란을 겪었다.

우시나시市의 시장격인 센다 사타아키千田貞曉 현령縣令이 이 누추한 곳을 찾아왔기 때문이다. 센다 현령은 여주인에게 "여기에 핫도리란 손님이 묵고 있는고? 빨리 안내하라"며 버럭 소리를 질렀다. 부랴부랴 2층방으로 안내를 하자, 짚신짝에 글을 쓰고 있는 핫도리를 보고 현령은 "아니! 국가의 중요시책을 앞두고 여지껏 낚시질이나 다니고 있느냐"며 다그치자 핫도리는 빙그레 웃으면서 "이제 그 일이 거의 마무리되어가고 있다"면서 차분하게 자초지종을 설명해나갔다. 내용인즉, 짚신을 바다 속에 던져두었다가 낚시대로 낚아올려서 만灣의 조류潮流를 조사한다는 것이었다. 짚신은 가벼워서 조류가 빠르면 반드시 바다로 흘러가버리고, 조류가 잔잔하면 짚신은 만안灣岸에 머물러 있게 된다는 것이었다. 그래서 건져올린 짚신에 먹으로 표시를 해서 다시 바닷속에 던져두었다가 그 이튿날 제자리에서 낚아지면 바로 그 지역이 축항築港으로 최적지가 된다는 설명이었다. 핫도리 이전에도 현령은 네덜란드 기술자에게 축항의 설계를 위탁코자 했으나 이 지역이 조류가 너무나 빨라 대규모 기초공사가 필요해서 거금 18만 원이 든다는 것이었다. 이렇게 되면 히로시마의 장기계획, 즉 철도와 항구 및 도로의 정비를 통한 물류활성화 계획은 물거품이 될 지경이었다. 이만한 거금은 현縣은 고사하고 국가예산으로도 부담하기 어려웠기 때문이었다. 그래서 생각해낸 것이 기발한 계획에 의한 값싼 축항을 모색하게 되었고 그 적정인물로 핫도리가 지목되었던 것이다. 핫도리가 창안한 탁월한 방법으로 축항 기공식을 가진 것이 1884년 9월이었고 1889년 11월에 역사적인 완공식을 가졌다. 핫도리는 워낙 고지식한 인물이어서 거대공사를 수없이 많이 맡았으면서도 거부가 되었다는 기록은 별로 없다. 그래서 '일본 거상기담'에 넣기보다는 '일본 기인奇人기담'에 넣어야 할 인물일지도 모른다. 우시나 항구는 오래 전부터 히로시마 항구로 불리워졌고 2차 세계대전의 원인이 되는 원자폭탄 투하지역으로 세계적으로 알려진 도시이기도 하다. 설마 미국이 일본의 대륙침략의 거점이기 때문에 이곳을 폭격했을리는 없겠으나 히로시마 항구의 전성기와 또한 원폭투하로 파괴가 되는 과정을 생각해보기 위하여 이를 기록해 본 것일 뿐이다.

암살당한 금융왕
야스다젠지로安田善次郎

일본의 4대 재벌을 미쓰이三井·스미토모住友·미쓰비시三菱·야스다安田로 쳐준다면 야스다 재벌의 창시자 야스다젠지로(安田善次郎: 1838~1921)는 그야말로 맨주먹으로 자수성가한 입지전적 인물이 된다. 야스다의 아버지는 반농반상인半農半商人으로서 아들을 사무라이로 키우려고 노력을 했었다.

10대 때의 야스다는 어느 날 도야마富山를 방문한 고관급 사무라이 한 사람이 오사카大阪 상인을 만나 연신 꾸벅거리며 절을 하고 아첨을 떠는 광경을 목격하고 충격을 받았다. 그 상인은 번(藩: 지방정부)에다 돈을 꾸어준 어용상인이었기에 그 위세가 당당했던 것이다.

그래서 야스다安田는 새삼 돈의 위력을 알았고 에도江戶에 나가 거상이 되고자 결심을 했다. 아버지의 만류를 무릅쓰고 세 차례나 가출을 시도

하다 결국 아버지의 양해를 받아내서 상경을 했다.

처음에 니혼바시日本橋 한쪽에다 돈놀이하는 노점상을 차렸다. 막부 말기 때로 치안상태가 극히 나빠져서 대부분의 금융업자들이 휴업을 하던 차여서 노점상은 점포를 갖추게 되고 점포는 다시금 확장되게끔 번창을 했다. 급기야 은행체계까지 갖추게 되었는데 그는 투자선投資先과 담보물건에 대해 아랫사람의 보고로는 만족하지 않고 어떤 산골짜기에라도 자신이 직접 찾아가 철저히 조사를 했다. 그러면서도 사람의 인물 됨됨이를 식별할 줄 아는 능력이 있었다. 교토京都에 있는 백삼십은행百三十銀行이 파국을 맞아 야스다은행이 그 정리 작업을 맞게 되자 그 원인 규명에 직접 나서기도 했다. 그 원인은 군제郡是란 회사에 무담보로 거금을 대출해 준 걸 알고 그 군제회사에 직접 찾아갔었다.

회사 마당에 한 노인이 꾸부리고 풀을 뜯고 있기에 사장에게 안내할 것을 요청하자 노인은 "제가 사장입니다. 선생이 오신다기에 마당을 깨끗하게 손질하고 있는 중이었지요"라고 했다. 그 노인 사장의 진실성에 느낀 바 있는 야스다는 즉석에서 "댁 회사에 대해선 자금문제를 우리 야스다은행이 해결해 드리겠습니다"라고 제안을 했다. 얼마 후 그 회사는 재기할 수가 있었음은 말할 나위가 없다. 1869년엔 지폐매점으로 비약적인 거상이 되었다. 즉 정부의 새 금융정책의 정보를 사전에 알아차리고 가치가 떨어질 대로 떨어진 지폐와 국채를 대량으로 사들였고 얼마 후에 그걸로 세 배의 가치로 정식지폐와 맞교환을 했던 것이다.

명치 9년(1876년)엔 제3국립은행(사립이지만 정부로부터 은행권 발행을 허가 받았음)을 설립해서 두취(頭取: 총재)가 되어 일본 전국에 걸쳐 국립은행 설립에 참여를 했다. 다시 보험 업무에 손은 댔고 야스다보선사安田保善社를 설립해서 계열사 내의 통제와 재산의 보존, 이익 배분 등 모든 지령을 내리는 참모본부를 세운 것이었다. 그리고 유황광산·철도·방직·호텔·축항·전력·손보회사로 사업을 늘려갔다. 놀랍게도 이토록 자라나면서 그때까지 대학출신을 채용하지 않았다는 점이다. 인재양성은 연습생이라 해서 낮엔 은행에서 일을 보게 했고 밤에 요(寮: 합숙소)에서 장부 정리를 시킴으로써 그 능력에 따라 과장자리, 또는 부장자리에 앉혔던 것이다. 1936년에 들어서서야 대학졸업생을 쓰기 시작했다. 다만 야스다에게 결점이 있었다면 자신 같은 완벽주의와 합리주의를 남에게도 강요했고 공사公私 관계를 너무나 분명히 함으로써 '냉혹한 수전노'란 별명을 듣기도 했다는 점이다. 그러나 그의 철학은 음덕양보(陰德陽報: 남에게 알려지지 않게 선행을 하면 그 보답이 돌아온다)의 신조를 몸소 실천한 사람이었다. 예를 들면 동경대학에 야스다 강당, 히비야日比谷 공원에 공회당을 지어주었는가 하면 동경東京 일일日日신문의 주필을 지내고 그 필봉으로 정계에 대한 막대한 영향을 끼친 후쿠치겐이치로福地源一郎가 만년에 가난과 병마에 시달린다는 소식을 듣고 수표를 보냈는가 하면 유럽에서 병에 걸려 귀국할 여비조차 없는 조각가에게 남몰래 지원을 해주기도 했다. 때는 1차 세계대전 직후로 전시 경기에 부풀려졌던 거품이 꺼지면서 일본은 심각한 불황기에 접어들 때였다. 이때 야스다는 불황에 편승해서 주식시장에 엄청난 폭리를 했다는 유언비어가 나돌았다. 대정 10년(1921년) 9월 28일 아침 아사히 헤이고朝日平吾란 자가 지인知人의 소개장을 들고 몇 번인가 면회를 요청해오던 걸 만나주었다. 헤이고는 노동자

호텔의 설립취지서를 들고 와 거액의 기부를 의뢰했다. 납득이 안 가는 기부는 할 수 없다고 딱 잘라 말하자 헤이고는 품속에 품었던 단도를 꺼내들었다. 놀라서 몸을 피신을 하는 야스다를 몇 차례 찔러 살해했고 헤이고는 그 자리에서 자결을 해버렸다. 사건의 배경은 가해자의 자결로 미궁에 빠졌지만 그 당시 재벌을 규탄하던 모 우익단체의 흑막이 아닌가란 설이 있었지만 분명치 않다. 다만 그가 살아 있었다면 동경시의 도시계획을 위해 8억 원 상당(지금의 8천억 이상)을 내놓겠다고 약속했었다는 사실이 당시의 동경 시장을 통해 확인됐지만 모든 건 뜬구름으로 멀리 사라져버리고 말았다. 지금도 야스다생명보험과 부용芙蓉그룹의 창시자로 그 이름은 영원히 남아 있다.

위폐범 꼬리표에서
광산왕이 된 후지다 藤田傳三郎

명치 12년(1879년) 9월 후지다藤田는 위조지폐범犯으로 일본경찰에 체포되었다. 아무리 무죄를 주장해도 통하지 않았다. 고문까지 받았다. 그 내용인즉 그의 후원자였던 이노우에 가오루井上馨 장관(工部卿: 산업지원부장관 격)이 유럽을 순방하다가 위조지폐를 만들어 후지다에게 보내게 되었는데 그것이 영업자금으로 쓰여졌다는 혐의였다.

1841년생인 후지다는 1869년 약관 28세의 나이로, 쵸오슈우번長州藩의 폐지로 인해 못 쓰게 된 소총과 탄환류 등을 불하받아 오사카大阪에 생긴 신정부明治政府의 육군국局에 납품을 해서 상당한 치부를 한 데서 연유된다. 젊을 때의 동지들이 명치유신으로 신정부의 권력핵심부에 들어갔기 때문에 귀중한 인맥을 지닐 수 있게 되었다. 새 시대로 접어들면서, 구두제조 사업에서 건설업으로 사업을 늘리다가 명치 10년(1877년)의 서

남전쟁(西南戰爭: 일본 九州에서의 내전) 때 육군에 피복·식량·군화 및 인부의 알선 등으로 미쓰이三井에 버금가는 이익을 남겨 30대 중반에 일약 거부가 되었던 것이다. 졸지에 거부가 되면 주변의 시기와 질투를 사는 것은 어쩌면 세상사의 당연한 이치인지도 모른다.

원래 그의 배경은 쵸우슈우長州 인맥에 의한 것이므로 그의 라이벌 격인 사쓰마薩摩 인맥의 반발을 불러일으켰던 것이다. 당시 내무성 경시국(警視局: 경찰청)은 사쓰마 인맥이었기에 쵸오슈우계系 사람의 부정이라면 눈에 불을 켜고 달려들 때였다. 더욱이 이노우에井上는 동銅광산의 부정사건에도 연루되어 한때 정계를 떠난 적도 있는 인물이었다. 사쓰마 파벌 쪽에서는 이노우에와 후지다를 위폐범으로 연관시켜 매장시키고자 했던 것이다. 결국 3개월 간의 조사 끝에 그는 무죄로 판명되어 석방되었다.

1878년 12월 무렵, 아주 정교한 2원짜리 지폐(현재 20만 원 상당)가 시중에 나돌기 시작했는데 후지다 밑에서 일하던 한 남자가 "이노우에로부터 보내온 위폐를 후지다의 점포에서 보았다"는 거짓 정보가 발단이 되었던 것이다. 그 3개월 후에 진범이 잡혔고 후지다에 대한 정보는 거짓이었다는 것이 판명되어 풀려난 것인데, 세상의 눈은 그렇게 간단치 않았다. 한번 범인이나 혐의자로 몰리면 천하의 악당으로 알려지고 소문은 꼬리에 꼬리를 물고 퍼져나가 만담漫談에게까지도 우스갯소리로 올려지고 말았던 것이다.

영화나 TV가 없을 때는 만담에 의한 얘기가 더욱 진실성 있게 퍼져나갔었다. 소화 연대에 들어서까지도 그는 악역으로 계속 남아 있었다. 이를 보다 못한 후지다의 측근인 이와시다岩下가 '후지다의 언행록言行錄'이라는 전기를 내기도 했으나, 한번 퍼질대로 퍼진 소문은 깨지지 않았다. 그러나 후지다는 이러한 무고에 대해 일체의 항의나 변명 및 고소를 하지 않고 묵묵히 자기 일에만 몰두했다.

1881년 '후지다 상사'의 이름을 '후지다구미藤田組'로 바꾸고, 오사카 5개 교량의 가교를 건설지었다. 그후 오사카방적의 인수, 고사카小阪광산을 인수하여 은과 동 광산으로 성장시켰고 상요철도(山陽鐵道: 후에 국철로 흡수) 건설과 상와三和은행의 창설 등 사업을 계속 확장시켜 나갔다. 당시의 유명지 '시사신보'에서 모토야마히코이치本山彦一라는 언론인을 당시 빈사상태에 있던 오사카일보大阪日報에 발탁해 놓음으로써 오늘날 일본 4대신문의 하나인 마이니치신문每日新聞으로 키워 놓았다.

그의 생활태도를 남들은 농성주의籠城主義라고 불렀다. 신문이나 잡지에 인터뷰를 거절하고 사진 찍는 것도 싫어했을 뿐만 아니라 재계의 파티에도 얼굴을 내밀지 않았다. 그러나 그의 저택에는 공사公私를 막론하고 찾아오는 인사들로 문전성시를 이뤄, 그의 응접실은 관서關西지방의 공회당公會堂으로 불리우기도 했다. 그는 또 미술품 수집가로서도 유명하다. 오사카에 있는 후지다 미술관에는 국보 9점, 중요문화재 45점을 포함한 5천여 점의 미술품이 전시, 많은 관람객으로 하여금 감탄을 자아내게 한다. 또 일본여자대학에 '화학관', 게이오대학에 '도서관', 와세다대학의 '이공학부' 등은 그의 기부금에 의해 세워진 것이었다. 그는 관서 재계의 중진으로서 건설·토목·광산·전철·금융·방적·신문 등 명문기업을 키웠다고 해서 남작 작위도 받았으나 1912년에 조용히 눈을 감았으니 쵸오슈우長州의 조그만 술집의 넷째로 태어난 그가 어떻게 해서 이 같은 거물이 되었을까 하고 고향 사람들은 고개를 갸우뚱했다. 큰 부자는 역시 하늘이 만드는 것이 아닐까.

80개 공장을 전전하며
주물기능을 익힌
닛상日産콘체른 창업자 아유카와點川

아유카와 요시스케點川義介는 1880년 야마쿠치현山口縣에서 태어났는데 명치정부의 대신大臣 이노우에 카오루井上가 숙부가 되기 때문에 그의 비서로 여러 가지로 사회공부를 했다.

동경제대 기계과를 졸업하고 나서 이노우에井上가 추천하는 재벌회사에 입사하기를 사양하고 일개 공장의 직공으로 취업을 했다. 장래 엔지니어가 되기 위해서였다. 학사 출신의 정식사원 월급은 45엔이나 됐으나 신분을 감추고 일당 48전의 직공을 택한 것은 "내 몸으로 직접 기술을 터득하고자"란 생각이 있었기 때문이다.

그는 여기를 시작으로 기계, 주조(주鑄, 물物), 판금板金, 조립 등 2년 동안에 무려 80여 곳의 공장을 전전했다. 그리고 결론은 "일본日本에서 성공한 기업은 모조리 서양의 모방밖엔 안 된다. 그렇다면 일본에서 배울 게 아니라 미국으로 가야 된다"라고 미국엘 건너가 거기서도 주철공장의 노동자로 들어가 주급 5달러의 수습공 생활을 했다.

시뻘겋게 녹아버린 철을 대형냄비에 받아 주형 속에 부어넣는 등 가혹한 노동이었다. 몇 해 후 귀국하자 이노우에井上의 원조로 주물회사(지금의 히타치 금속)를 설립한다. 여기까지의 그의 역정은 보아도 일반적인 사람의 안이한 출세가도와는 너무나 틀리다. 그리고 주물회사에서 일하는 신입사원들의 손을 일일이 직접 잡아주고 기술을 습득하게 했다. 그의 손바닥은 주물 노동 때 어찌나 단련이 됐던지 마치 철판 같았다고 사원들은 잊지 못하고 있다.

그의 인격조성의 원형은 '돈 벌이에 대해선 신경을 안 쓰는 엔지니어'였다.

대학 입학 전에 대 기업과 부자들의 자녀들이 다니는 학원에 다닌 적이 있는데 여기서 그는 이른바 상류계급에 대한 회의와 혐오를 갖게 된다.

양가良家의 자녀들의 너무나 자기중심적인 사고방식에 진저리가 났던 것이다. 그 때에 지닌 포부가 "나는 절대로 부자가 되지 않는다. 그러나 커다란 사업은 하고야 말겠다. 남들이 잘 안하는 일로 사회공익에 이바지하는 길을 열어보겠다"란 것이었다.

그러나 주물제조업은 쉽지가 않았다. 해군에서 6인치포의 포탄제작을 수주했지만 납품할 때 모조리 불합격이 되어 공장존속이 어렵게 되기도 했다. 이런 곳에 투자들을 꺼려했으나 그 중 단 한 사람 후지다코타로藤田小太朗의 미망인 후미코文子가 "남편이 선생을 상당히 높이 평가하고 있었다"고 40만 엔의 증자를 선뜻 해주었고 그것으로 사업은 본 궤도에

오르게 된다.

그 후 그의 철학은 '신용信用은 무형無形의 축적자본'이라고 굳혀졌다. 제1차 세계대전 등 시련을 겪었고 회사 체계도 종래의 '피라미드 형型'에서 '알프스 산식山式 연봉형連峰型'으로 조직 개편을 했다.

즉 새 사업이 있을 때마다 별개의 회사를 만들었던 것이다. 각 부서마다 지니고 있는 인간관계의 사슬에서 벗어나 적재적소에 자유로운 인사 전략을 세울 수 있게끔 만든 것이다.

1차 대전 이후 몰락해가는 기업 속에서 장래성이 있는 기업을 고르는 공작工作을 했다. 당시의 재벌은 미쓰이와 미쓰비시로 본사의 주株를 대량으로 지닌 사기업私企業 같은 것이었다. 쉽게 말하자면 대재벌의 자금력이 밑바탕이 되어야 기업운영이 되었던 것이다.

여기에 대해 그가 만든 닛상日産은 본사 주식을 공개해서 널리 다중으로부터 자금을 모으는 발상으로 스타트했던 것이다.

대재벌의 후원과 은행융자의 밑바탕 없이 시작한 아이디어였는데 이것이 히트를 쳤다.

닛상의 주가와 그 산하 광산주가 폭등, 이때부터 닛상주식은 대중에게 상당한 매력이 되었다. 이것을 자금으로 경영부진의 기업들을 사들여 재건을 하고 다시 이익을 주주에게 배당하는 식으로 '기업 재생 펀드' 같은 역할을 했다.

이것을 종합한 '닛상 콘체른'은 그 규모가 더욱 커져서 그 산하에 '일본광업', '히타치 제작소', '닛상화학化學', '일본 유지油脂', '일본 냉장', '일본 탄광', '닛상화재', '닛상생명生命', '닷드상 자동차'를 거느리는 거대기업으로 한 때 미쓰이, 미쓰비시와 대등한 대기업이 됐었다.

국산 자동차의 양산으로 '닷드상'과 '닛상' 자동차도 쏟아져 나왔다. 이렇듯 잘나가던 차에 일본 관동군關東軍 참모 본부에서 "만주에 자동차 산업을 일으키고 싶다"는 제의가 들어온다. 그는 "만주엔 지하자원도 풍부하니까 중공업 발전을 고려해 볼 만하다"란 생각으로 닛상 그룹 전체를 만주로 옮겨가고 자신은 '만주 중공업 개발주식회사'를 만들고 총재 자리에 앉게 된다. 그는 나아가서 "중공업 자본의 반쯤을 달러에 의존하고 이것으로 미국 측이 이익을 얻게 된다면 장래의 전쟁 위험에도 브레이크를 걸게 될 것'이란 계획까지 세웠으나 이것은 물거품이 된다.

1942년 그는 만주에서의 활동에 한계를 느끼고 만주에서의 철수를 결심했다. 이것이 진행 중인 1945년 종전이 되자 그는 전쟁 범죄용의자로 지목되어 스가모 전범 구치소에 수감되어 2년간을 지내게 된다.

그가 다시 목표를 세운 것은 '중소 기업의 육성'이었다. '중소 기업 조성회'를 설립해서 장래성 있는 중소 기업에 자금지원을 해 주는 벤처 캐피탈의 선구자가 된다.

전후에 일어선 '소니'에게도 자금원조를 해 주고 참의원의 의원에 당선되기도 했다.

그의 손자 아유가와 준타純太는 "할아버지 자신은 세상에서 말하듯 성공한 사람이 아니었다고 늘 말해왔다. 여러 가지 활동을 해 왔지만 대개 좌절의 연속이었다"고 회고했다. 당시의 발상은 모두가 바른 것이었으나 당시로서는 너무나 앞서간 것이어서 그 시대엔 맞아 떨어지지 않았다고 볼 수도 있다.

그러나 그가 남긴 유산은 종국에 가서는 '닛상 콘체른'을 비롯 중소 기업들은 오늘날의 대기업으로 성공을 했던 것이다.

그 시대 그 때마다 난관을 맞으면서도 자신의 철학과 사고방식을 무기로 산업육성을 해왔고 개인 재산은 모조리 기부를 했다. "아이에겐 재산을 남겨주지 않는다"란 신조를 지킨 것이다.

1967년 86세로 작고한 후 손자가 되는 준타는 "내가 어렸을 때 생선가시가 목에 걸렸는데 주변 어른들이 밥을 뭉쳐서 단숨에 삼켜라 해서 삼켜봤는데 가시는 빠지질 않았다. 그 때 요시스케 할아버지는 "가시가 위에서 아래쪽으로 찔려 있으면 빠질 리가 없단다. 아무리 어른들이 하는 말이라 하더라도 합리적으로 생각해야 한다"라고 말해주셨는데 이 말을 나는 교훈으로 삼고 있다"라고 술회하고 있다.

넝마 사재기란 냉소冷笑를 받아가며
철도왕鐵道王이 된 네즈根津

1880년경 코오후甲府의 어느 술집에선 만취한 청년들이 '천하대세' 또는 '여인'에 대해 떠들어대곤 했다. 야마나시현山梨縣 군청직원으로 거기의 주동자는 항상 네즈가이치로根津嘉一郎가 끼여 있었다. 관직일은 적당히 시간을 채우다가 퇴근시간이 안 되었을 때에도 코오후甲府에 가서 술집 매상을 올려주는 불량관리였다. 그 돈도 집안에 있는 돈이나 점포의 매상금액이거나 닥치는 대로 들고 나가 썼으니 부모님의 속도 엔간히 썩혔던 것 같다. 그러나 술상대로는 항상 자기보다 지위가 높은 자이거나 학식이나 재능이 있는 자를 골라서 갔으니 나중에 거물이 되는 소지는 그 때부터 갖추고 있었는지 모른다. 그는 항상 "정치와 실업은 불가분의 관계가 있다. 따라서 정치에 관계해서 국가가 나아갈 진로를 보고 거기에 따라서 사업을 벌려 돈을 벌어야 된다"란 지론을 갖고 있었고 부모의 반대를 무릅쓰고 정계에 뛰어들었고, 31세 때 야마나시현 의원으로 당선되기도 한다.

먼저 큰 고기는 큰 강에서 놀아야 된다는 생각으로 그는 상경을 해서 돈을 벌기 위해 먼저 주식투자에 발을 내딛었다. 코오후^{甲府}의 부자 와카오 잇페이^{若尾逸平}에게 친분의 길을 텃고 자주 만날 기회를 만들었다. 와카오^{若尾}는 부자인고로 처음엔 네즈^{根津}을 상대도 안 해 주었으나 열성껏 접촉을 시도 하였다. 나중엔 와카오^{若尾}도 "이 자는 예사 젊은이가 아니고 어딘가 뼈대가 있다"라고 인정을 해 주고 나중엔 제 자식처럼 아껴주게 된다.

그 와카오^{若尾}가 한 번은 "돈을 벌려면 뭔가 발명을 하거나 주식을 사는 게 좋은데 발명은 학문이 없으면 안 되지만 주식은 운과 배짱이 있으면 된다"란 말을 해서 네즈는 주식투자에 손을 댔다. 사실상 그에게는 선견지명^{先見之明}이 있었다. 동경전력의 주식 등을 샀고 또 이것을 담보로 해서 은행에서 융자를 받아 또 주식을 샀다.

그는 "주식은 단순한 투기나 이치만으론 안 된다. 작년에 이랬으니 올해도 그렇게 되리라고 연쇄적 숫자거나 인연으로 사면 맞질 않는다, 주식은 거의가 이론 밖의 이론인 것이다, 조금 대담하게 결심을 해야 하고 일관된 방침으로 나가야 된다"라고 말하고 있다. 그러나 주식은 역시 투기의 세계였다.

청일전쟁^{淸日戰爭}이 끝나자 산업계는 금세 냉각해버리고 주식도 폭락하고 네즈^{根津}가 지니고 있던 주^株는 종이 조각으로 바뀌었다. 융자받은 돈을 갚을 길이 없어 와카오^{若尾}에게 매달려 보기도 했다. 이때에 네즈^根

津는 인생의 쓴맛을 톡톡히 보게 되었다. 아무튼 이때에도 "흐리려면 흐려봐라, 다시 해가 날 때도 있을 것……"이라며 남에겐 태연하게 행세했다고 한다. 하긴 안달을 한다고 해결될 문제도 아니고 대범한 척 지낼 수밖엔 없었을 것 같다. 그래도 동경전기의 주만은 착실하게 모으고 또 모았다. 공교롭게 전기 누전에 의해 대형화재 사고가 일어나 동경전기의 주식은 곤두박질을 쳤다. 그래서 주가가 싸진 것을 또 샀다.

그 후 7년 후엔 와카오若尾와 네즈根津가 사 모은 주株는 커졌고 급기야 네즈根津가 39세 때엔 동경전기의 중역으로 취임하게 되었다.

이 때부터 네즈根津는 '넝마 사재기'의 별명이 붙게끔 현재는 잘 안 되는 주株만 골라서 사재기를 했다. 41세 때엔 동경마차 철도의 임원이 되기도 했는데 당시엔 시나가와品川에서 아사쿠사 사이를 비쩍 마른 말이 마차를 끌고 레일 위를 달리는 전근대적前近代的인 것이었다.

그는 이것을 동경전차 철도와 동경전기철도와 합병을 해서 차의 인금을 통일시켜 동경시가 경영하는 공공철도公共鐵道 안을 내놓고 추진시켰다. 이것이 동경도 교통국의 전신이 된다. 그리고 토오부철도東部鐵道와 고야등산철도高野登山鐵道 등 경영에 손을 댔다. 44세 때엔 중의원 의원으로 당선되기도 했다. "정치와 실업의 양쪽에 이름을 알리겠다"란 포부가 실현된 것이다. 토오부철도東部鐵道 사장이 됐을 때엔 모든 역驛과 대합실과 화장실까지 직접 점검하고 다니기도 했다. 그는 회고담에서 "나는 젊었을 때엔 화를 못 참는 성격이여서 나 자신이 싫어지기도 했다. 화나는 걸 억제치 못하면 많은 사람을 대하고 의논하기도 어려워지고 대성大成할 수 없다고 자각했기에 분통을 억제하느라 여러 가지로 애를 썼

다"라고 쓰고 있다. 후일까지 그는 사람과의 접촉술과 인심파악술에 대해 계속 신경을 썼다. 자신의 열차를 탔을 때에도 아들 보고는 "나는 2등차에 타지만 너는 학생 신분인고로 거기에 맞게 3등 차를 타라"고 말했다. 사내에서도 정실情實에 빠지면 불만의 근원이 될 수 있는 점을 감안했던 것이다. '안으로 소극적, 밖으로 적극적'이란 경영철학을 지닌 것이었다. 한 때 토오부철도東部鐵道는 승객이 적어서 적자赤字가 누적됐었다. 그는 그 원인을 료코쿠兩國에서 가와마타川保 구간만을 운행했기 때문이라고 판단하고 노선을 부쩍 늘려서 북北쪽 끝까지 운행하면 상당한 이익이 날 것으로 계산을 했는데 그러려면 리네가와利根川란 강을 질러가야 하고, 그러기 위해선 철교를 부설해야 한다는 결론을 내고 여기에 소요되는 250만 엔이란 비용을 염출하기 위해 갖은 애를 쓴다. 그는 먼저 손 쉬운 구조 조정부터 착수했다. 본사는 동경 미쓰비시은행의 3층에 세 들어 있었고 월세가 60엔이었다. 또 출장소도 있었는데 이 두 곳을 폐쇄해 버리고 시외철도 회사의 차고의 일부를 한 달에 6엔 50전에 빌려서 거기에 본사 기능을 집약시켰다. 임대료를 10분의 1로 절감시킨 것이었다. 또 그는 빚돈 갚기에도 열을 올렸다. 예를 들어 어느 대 회사에 놀고 있는 돈이 있다는 것을 알고 그 회사 중역에게 토오부東部에 빌려줄 수 있다는 조건하에 은행에 입금시키게 하고 그 돈을 빌려 빚을 갚기도 했다. 이렇게 해서 토오부東部철도의 신용도는 조금씩 높아졌다. 여기서 다시 그는 리네가와利根川에 철도를 부설하고 철도노선을 북쪽 끝까지 연장시키자 승객은 엄청나게 불어났고 넝마회사 '동무東武'는 일약 초 우량기업으로 신장을 했다.

결손이 심한 업체를 사들여 다시금 크게 만들어 살아나게끔 하는 일은 그리 쉬운 일이 아니다. 대개는 잘 나가기 시작하는 사업을 점차로 확장해 나가는 게 상식인데 그는 역설적인 방법으로 사업을 신장시켰다. 대체로 경영자에겐 두 가지 형이 있는 것 같다.

'새로운 기술과 아이디어를 지니고 여기에 따라 점차로 일을 벌리는 형'과 '대인관계의 구축에 능숙한 조정형調整型'이 있다면 네즈根津는 그 어느 타입도 해당이 안 되게 '자신의 판단과 자금의 문제점을 재점검해서 체험을 바탕으로 사업을 늘려나가는 사업가요 자본가'였다.

경영자는 사원과 주주에 대해 책임을 지면 되지만 자본가는 산업을 진흥시켜 사회에 공헌해야 한다는 역할을 지녀야 한다는 지론을 실천에 옮겼던 것이다. 그거 현縣의원이였을 때 도지사가 25만 엔의 치수공사治水工

事 예산을 제출했을 때 그는 15만 엔의 예산만 써야 한다고 고집을 했다.

그의 지론은 이랬다. "홍수범람의 원인은 산림山林의 난발에 있다. 치수에만 주력主力을 하면 토목土木공사업자만 윤택케 만들 뿐 현縣 자체에겐 도움이 안 된다. 그 예산을 줄여서 조림사업을 장려해야 한다."

그는 실로 미래지향적이고 깊은 안목을 지닌 사업가였다.

또 도미渡美 실업단에 끼어 미국을 시찰했을 때 재벌들이 사회에 많은 기부를 하는 것을 보고 그는 깊은 감명을 받았다. 그래서 그는 사재를 털어 무사시고를 설립했고 국학원대학 산이山利도서관에 거액을 내 놓았다. 결국 그는 금전이나 지위의 노예가 되질 않고 대자본가로서의 이름을 남기게 됐던 것이다.

그는 1940년 80세의 나이로 별세를 했고 사업가로선 드물게 존경의 대상이 되었다. 네즈根津 재벌 산하의 기업으로는 토오부철도東部鐵道, 아사히 맥주, 삿포로 맥주, 부국생명富國生命, 일청日淸제분, 남해전철 등, 남들이 '넝마 사재기'라고 냉소 짓던 사업을 성공시켰다.

엄마에 반발, 가출家出해서
선박 왕王이 된 야마시다山下

폭풍우가 몰아치는 속에 소년은 찢어진 우산을 바람에 날아가지 않게 간신히 쳐들고 달리고 있었다. 시코구四國 우와시마宇和島에서 배를 타고 본토本土로 건너가고자 중학생 야마시다 카메사브로山下亀三郞는 항구로 향해 달려왔던 것이다.

그러나 폭풍우 때문에 배가 결항이 되어 하는 수 없이 항구 근처의 친지집에 하룻밤을 묵게 되었다. 그러자 밤중에 대문을 두드리는 소리가 나서 나가보자 엄마가 보낸 심부름꾼이었다.

잡아서 데려가나 했더니 그건 아니고 엄마의 편지를 주고 가 버리는 것이었다.

그 내용은 이런 것이었다. "사내가 일단 집을 나와 마을을 떠났으면 시들시들해져서 돌아오는 일은 없어야 한다, 손을 크게 흔들고 보라는 듯 성공해서 돌아와야 한다"는 것이었다.

야마시다山下는 1897년 기사가다무라喜左方村에서 일곱 형제 중 막내로 태어났다. 그 어머니 케이敬는 그를 40세 때 낳았고 이 아이를 장래의 쇼오야(里長격)의 집의 아들로서 너무나 엄하게 키워 왔다.

그는 "내 어머니는 내게 만두 하나도 준 적이 없으며 동전 한입도 준 적이 없었다"고 술회하고 있다. 그의 부모는 너무나 엄한 가정교육을 하여 그는 공부하기를 싫어했다. 중학교中學校에 입학했으나 16세 때 학교를 그만두고 가출을 해 버린 것이다. '공부 같은 건 싫다. 그래도 어떻게 해서든 출세는 하고야 말 것'이라며 학교를 나와버린 것도 엄마에 대한 반발에서였다.

엄마의 편지를 받고 나서 이튿날 그는 배를 탔고 오사카大阪에 도착했지만 가출소년을 고용해 주는 데는 아무 데도 없었다. 그는 교토京都에 있

는 친지에게 부탁을 해서 초등학교의 조교원助教員이 되어 겨우 입에 풀칠을 하게 된다.

이 때에 그는 도지사(同志社 나중에 대학)를 설립한 야마모토 가쿠마山本覺馬를 만나 그가 만든 모임에 자주 나가게 된다. 여기서 그의 영향을 많이 받게 된다.

야마모토山本의 권유도 있고 해서 야마시다山下 도쿄東京에 올라가 명치법률학교(나중에 명치대학明治大學이 됨)에 입학했다. 여기서 같은 고향 출신 강사를 만나 개인교수도 받았다.

22세 때 그는 이 학교도 그만두고 제지회사 임시고용원, 무역상회의 지배인, 이케다 상회 등 이곳저곳을 전전하다가 26세 때 결혼을 했다.

그러다 얼마 안가 이케다상회가 도산을 해 버린다. 그 후 야마모토山本는 요코하마에서 양지洋紙매매를 하는 야마모토山本상점을 열었다. 그러나 이 장사는 잘 안 되어서 문을 닫아 버렸다. 그 이내 청일淸日전쟁이 일어났는데 전쟁에 필요한 석탄매매업이 성황을 이루게 되어 석탄매매업에 손을 대게 된다. 석탄매매업을 통해 그는 석탄매매엔 반드시 선박이 운송수단으로 필요하다는 것을 알게 된다.

그는 석탄을 큐슈九州에서 직접 사들였는데 석탄수송비를 지불 안하면 선주는 석탄을 내어 주질 않았다. 이에 분개한 야마모토山本는 동분서주해서 보험회사와 석탄매매업자와 은행으로부터 돈을 빌려서 영국 고물 수송선 2,373톤의 '벤베니 호'를 사들였다. 이 배 이름을 자신의 고향이름 기사가다마루喜左方丸로 이름을 붙이고 36세의 나이로 선박주가 되어 자기 고향마을에 '손을 크게 흔들고' 돌아가게 되었던 것이다.

그런데 왜 이렇듯 빚더미에 앉으면서 무리하게 배를 사들였을까? 거기엔 해군 고급장교 아키야먀 사네유키秋山眞之에 의한 정보로 곧 일로전쟁이 일어나고 전쟁이 일어나면 많은 민간 선박을 징용해 쓰게 되는데 군에 의한 징용선박은 일반대금보다 세 배 가량 많았기 때문이다. 여기서 또 문제가 생겼다. 나가사키에서 석탄을 가득 싣고 상하이上海로 출항하기 직전 개전이 되고 즉각 군용으로 징용된 것이다. 여기서 그는 다시 결단을 내려 석탄을 가득 실은 배를 요코하마에 회항시켜 육지에 도로 내려놓고 다시 배를 돌려 해군에 인도했다.

여기서 그의 선박은 계약기간 동안 임무를 다해서 적잖은 돈을 지니게 되었고 1904년엔 제2의 '기사가다마루'를 구입, 다시 해군에 제공했다.

일로전쟁에 일본이 승리를 거두었으나 1907년이 되자 그의 사업은 과

도한 외채상환과 군비 지출로 심각한 불황을 겪게 된다. 다시 북해도에서의 목재사업에도 실패해서 막대한 부채를 졌으나 20년 상환 방법으로 그는 채권자에게 양해를 받아냈다.

그러나 다시 호황을 맞아 7년 만에 빚을 다 갚아 버렸다.

1909년부터는 외항해운이 상당히 호전되어 회사도 '야마시다山下기선 합명회사'로 발족했다. 그러다 1914년에 1차 세계대전이 일어나자 해운업은 엄청난 호경기를 누리게 되었다.

이 선박임대료는 금세 몇 배로 뛰어올라 재벌급이 된다.

1915년에 만주, 대련에 회사를 설립하고 석탄부를 독립시켜 '석탄 주식회사'를 설립하고 다시 '해상보험회사'를 신설하고, '중기계공업'까지 창립하는 등 급격히 사업을 늘렸는데 그의 나이 불과 50세 때가 된다.

이렇듯 해운의 왕으로 군림하자 1943년엔 일본日本의 전시내각 도쿄東條내각 때 '내각고문'이 되었다가 1944년 북해도 시찰을 갔다가 병을 얻어 세상을 떴다.

1941년 당시 그가 소유했던 일본선박은 물경 1962척에 달했고 일본 우선郵船, 오사카 상선, 가와사키 기선, 미쓰이 물산 등, 을 소유한 대 선박왕이었다. 이러한 그의 경력과 치부의 과정을 보면 전쟁이 일어날 때마다 엄청난 이득을 올렸다는 것을 알 수 있다. 전쟁은 많은 인명과 재산을 잃게 되는 반면, 치부를 하는 사람이 생긴다는 걸 알 수 있다. 실로 아이러니한 일이 아닐 수 없다.

2계명

끝이 없는 시작은 없다
끝을 생각하며 시작하자

큰 돌巨岩 처리로
명성을 얻은 요도야淀屋

토요토미 히데요시豊臣秀吉의 시대. 오사카大阪에 살던 요도야 조오안淀屋
常安은 아버지의 금융업을 돕고 있었다. 1594년 토요토미는 후시미代見라
는 곳에 자신의 이상에 맞는 성城을 짓는 공사를 시작했다. 그러나 이 성의
대문 앞쪽엔 거대한 바위가 버티고 있어서 공사를 방해하는 것이었다. 이
것을 보고 토요토미는 "이 돌을 치우고 담벽을 세우라"라고 엄명을 내렸
다. 그러나 공사를 맡은 책임자는 머리를 감싸고 말았다. 업자들에게 견
적을 뽑아보라고 했더니 높이 7.2미터, 폭 14미터의 큰 바위를 옮기려면
황금 500관이 드는 대공사를 치러야 한다는 것이었다. 너무나 많은 공
사비와 공사일정으로 고민에 빠진 책임자에게 요도야가 "제가 공사비를
10분의 1로 떠맡겠다"고 나섰던 것이다. 책임자는 깜짝 놀라서 "그렇게
작은 비용으로 어떻게 치우겠는가? 너무 무리하지 말고 황금 500관의 절

반 정도의 금액으로 치워도 정말 감사하겠네"라고 오히려 요도야 편을 들어주는 것이었다. 그래도 요도야는 "아닙니다. 황금 50관의 비용으로도 충분합니다"라고 일을 떠맡았다. "이렇게 작은 비용으로 큰 바위돌름를 운반하는 방법이 대체 무엇일까?"라고 그 소문은 삽시간에 퍼져 공사현장에는 수천 명의 구경꾼이 몰려오는 등 큰 소란이 벌어지기도 했다. 지금까지의 방법으론 돌에다 망을 씌우고 동아줄 수백 개를 칭칭 감아서 수천 명이 달려들어 잡아당김으로써 1센티, 1센티씩 옮겨가는 방법밖엔 생각할 수가 없었다. 그러나 요도야는 이와는 정반대의 방법을 생각했던 것이다. 즉, 돌 밑 한 쪽을 파내고, 돌을 굴리는 단단한 둥근 거목을 깔고 다시 거

기에 이어서 몇 미터 정도 거목을 깐 후 그 끝 쪽에 거대한 구덩이를 파기 시작한 것이다. 수천 명이 달려들어 흙을 파내다보니 며칠 만에 거대한 동굴 같은 구덩이가 파졌고 그제서야 돌에다 동아줄을 감아 수천 명이 끌어당기니 불과 몇 미터를 구른 후 굉음을 내며 바윗덩이는 구덩이 속으로 떨어져버렸고 그 위를 흙으로 덮으니 바위는 감쪽같이 사라져버렸던 것이다. 그 위에다 담벼락을 세우니 더할 나위 없이 견고한 담벼락이 둘러쳐진 것은 말할 나위도 없다.

이 소동을 시찰 나온 토요토미가 보고 감탄, 제방공사 등 큰 공사는 요도야에게 계속 맡김으로써 엄청난 축재를 하게 됐고 경제도시 오사카大阪의 명물로 이름을 떨쳤던 것이다. 금은보화만 12개의 구라(藏: 창고)를 가득 채웠고 다른 재물도 48개의 구라를 가득 채웠다고 한다. 뿐만 아니라, 그는 일찍부터 "토요토미의 시대는 가고 토쿠가와德川의 시대가 올 것"으로 판단, 후일 토요토미의 아들 히데요리를 토쿠가와가 공격할 때 자진해서 나서서 토쿠가와의 지휘소 진지를 도맡아 축조해 줌으로써 토쿠가와의 신임도 얻을 수 있었다.

즉 그는 현대 경영인으로 필수적인 조건인 '선견지명 · 정보력 · 판단력 · 결단력 · 행동력 · 체력'이라는 여섯 가지 조건을 모조리 구비했다고 볼 수 있다. 그러나 그런 요도야 조오안도 자손복은 없었다. 5대 후손 요도야 타쓰고로淀星辰五郎는 사생활에 낭비가 심하여 자기 침실 전체를 유리로 덮고(당시 유리는 귀중품) 그 위에 물을 부어 비단잉어를 노닐게 하여 드러누워서 잉어를 감상하는 등 사치의 극치를 달리다 막부(정권)로부터 전 재산을 몰수당하고 추방당하는 비운을 맛보게 되었던 것이다.

요도야 타쓰고로는 1717년에 사망한 것으로 알려져 있다. 그 옛날이나 지금이나, 사치의 극치는 재산 몰수의 구실이 되었다는 것을 곰곰이 되 씹어볼 대목이 아닐 수 없다.

반골叛骨 상인
시마이 소오시쓰島井宗室

　거상이라고 하면 대체로 권력과 유착을 하거나 권력을 이용하기도 하
고 최소한도 상부상조를 해서 더욱 거부를 쌓는 것이 상식으로 알려져
있지만 반드시 모두가 다 그런 것만은 아니다.

　구주九州 하카타博多의 상인 시마이 소오시쓰島井宗室가 그런 사람이었다. 전
국시대 때 일본을 거의 무력으로 통일시킨 오다 노부나가織田信長는 오사
카大阪를 통해 물밀 듯이 들어온 서구문명의 총이나 화약·안경·망원경
등 과학제품과 생활용구에 의해 상인들이 일본을 외국에 팔아넘기지 않
나 하는 우려를 불식시키기 위해 일본인의 전통적 정신을 지키고 일본의
정신적 지주로 다도茶道를 권장해왔다. 여기서부터 일본의 다도는 붐이
일어났고 권력가 못지않게 고명한 다도인茶道人이 태어나기도 했다. 다도
엔 도자기로 된 찻잔이 필요했고 여기에 곁들여 명품 청동제 화로가 등

장했고 전국의 영주(領主: 大名)들은 명품다기를 갖는 걸 대단한 영예로 생각하며 그 가치는 무한대로 높아졌었다.

요즘 우리가 경매장에서 고려청자 병이나 청자접시 한 개에 십여 억원을 지출하게 되는 것과 비교할 수 있으나 그 당시의 명품다기는 이와 비교가 안 된다. 다기 한 벌이나 화로 한 개를 얻고자 영주끼리 전쟁을 일으켜 수만 명이 목숨을 잃는 일까지 있을 정도였다. 요즘 우리나라에선 과히 비싸지 않은 이조자기의 찻잔 한두 개라 할지라도 일본의 전국 시대 땐 그 소유주에 따라 대단한 가치를 지니곤 했던 것이다.

여기에 착안한 것이 시마이島井였다. 그는 조선과 명나라를 오가면서 상당한 양의 도자기류를 사들여 왔고 그는 금세 엄청난 거부로 성장을 했다. 그때까지 일본의 식기는 대체로 목기木器를 써왔던 것이다. 오다織田가 암살되고 토요토미 히데요시豊臣秀吉의 천하가 되자 그는 과대망상중에 걸려 조선과 명나라를 침략코자 전국의 다이묘大名들을 소집, 전쟁준비를 시켰다. 이때에도 이른바 조선정벌이 불가능하다는 걸 이미 알고 있는 다이묘들은 적지 않았다. 그러나 누구 하나 이런 사실을 감히 토요토미에게 직언을 하는 자는 아무도 없었다.

토요토미는 시마이島井가 조선과 명을 오락가락하는 사실을 알고 있어서 그로 하여금 현지 사정을 듣기 위한 정보 보고 겸 심포지엄을 열었다. 이때에 시마이는 정면으로 토요토미를 쳐다보고 "이번의 조선정벌을 위한 전쟁은 중지해주시기 바랍니다. 불가능하기 때문입니다"라고 말문을 열어 토요토미는 물론 배석한 수십 명의 다이묘大名들도 깜짝 놀랐다. 당장에 시마이의 목이 달아나는 것으로 직감을 했던 것이다. 처음엔 어안이 벙벙했던 토요토미의 얼굴은 금세 시뻘게졌고 "닥쳐라, 이 대머리 놈아! 일개 장사꾼 주제에 감히 누굴 보고 그런 소릴 하느냐? 조선의 상황이 어떤가를 보고만 하면 될 일이지……. 쓸데없는 소린 다시 하지도 말라"라고 마치 미친 원숭이처럼 펄쩍 뛰는 것이었다. 다도의 최고 명인인 센노리큐 千利久도 시마이에게 조언을 해준 적이 있었다. "茶에 대한 마음가짐은 오다織田님과 토요토미豊臣님과는 틀린 점이 있습니다. 오다織田公는 정치와는 별도로 예도藝道가 있는 게 좋다는 생각을 지니고 있었습니다. 그러나 토요토미豊臣公는 무엇이든지간에 정치권력이 가장 위에 있고 다른 것은 모조리 그 밑에 굴복하지 않으면 안 된다는 생각을 지닌 분입니다." 이러한 충고를 했던 센노리큐千利久도 나중엔 토요토미豊臣에 의해 할복 자살을 하게 된다. 시마이島井는 담담하게 조선에서 보고온 실상을 세세히 설명하고 나서 자기 의견과 같은 이시다 미쓰나리石田三成와 대마도주 소오 요시토모宋義智의 얼굴을 둘러보며 자기 의견에 동의해서 진언해주길 바랬다.

대마도주 소오宋에게 시마이가 기대를 건 이유는 소오야말로 조선의 사정을 가장 소상히 알고, 소오는 명목상으로만 토요토미의 부하로 돼있지 이미 100여 년 전부터 대대로 소오宋 씨 가문이 지배해오던 실제로는 독립국이었고 지리적으로 봐도 일본 본토보다 조선에 가까워서 조선과의 교류에 섬 전체의 생존의 의존도가 걸려 있었던 것이다. 섬 전체의 90프로가 산악지대로 쌀의 생산량은 1년에 삼천 석을 넘지 못했던 것이다. 따라서 식량의 확보를 조선에 의존할 수밖에 없었고 조선조에서도 왜구의 진압을 위해 대마도를 회유해 이용하고 있던 터였다. 그래서 대마도 주민 속에는 조선조의 관직을 받은 자들도 적지 않았다. 그들은 일명 수직왜인授職倭人이라 불리우고 1년에 한 번씩 조선조의 관복을 입고 조선에 건너가 왕가에 문안을 드리기조차 했었다. 따라서 왜구들도 대마도주 소오宗씨의 체면으로 봐 대마도에서 집결하는 걸 피해오기도 했고 왜구들 중 일부는 조선조의 신하가 된 자들도 있던 터였다. 그들은 투하왜인投下倭人이라 불리워졌고 조선조의 왜구대책에 기용되어 실제로 왜구방위의 임무를 맡기도 했었다. 조선조로부터 상호군上護軍, 사재소감司宰小監, 선략장군宣略將軍이란 관명을 받고 있기도 했다. 한때는 소오가 조선조에 청원서를 낸 일조차 있었다. '만약 우리 대마도를 귀국(조선조)

의 일개 군郡으로 해주신다면 저희는 충성을 다하겠습니다'란 청원서로 대마도를 조선조의 일개 도道나 군郡으로 만들어달라는 간절한 청원을 했던 것이다. 이때에 만약에 조선조가 이 청원을 받아들여 조선의 일개 도나 군으로 만들어버렸다면 요즘 일본이 우리나라 독도獨島를 다케시마竹島라고 억지를 쓰는 모습을 안 봤을는지 모른다.

그렇듯 조선조는 섬島에 대해 큰 관심을 안 지니고 있었다. 언젠가 우리나라 외무장관이 일본 외무장관에게 "일본이 독도영유권을 주장한다면 우리나라도 대마도 영유권을 주장해야 되지 않겠소?"라고 반농담조로 말했다는 기사가 난 적이 있는데 대마도 영유권론論은 이렇듯 근거가 있었던 것이다. 한편 일본의 중앙정권 즉 토요토미豊臣도 동해상의 작은 섬 따위엔 큰 관심이 없었고 주로 본토에서의 무력통일에만 안간힘을 써왔고 그까짓 작은 섬이야 그저 명령만 내리면 무조건 복종할 것으로 낙관을 했던 것이다.

이러한 판국에 토요토미의 외골수 머릿속엔 일본은 무武의 나라요 조선은 문文의 나라인즉 쳐들어가면 당장에 굴복해버릴 것으로 아주 우습게 봐왔던 것이다.

태평양 전쟁 때도 일본은 미국과의 전쟁에서 일본이 약간 유리하게 전개될 것이고 미국 본토를 모두 점령 못하더라도 일단 콧대를 꺾어 놓고 유리하게 정전협정으로 끌고 갈 수 있을 것이라고 가볍게 생각했던 것이 화근이 되었고 그 생각의 밑바탕엔 미국은 인명人命을 존중하는 나라임으로 목숨을 걸고 싸우진 못할 것이고 일본은 국가를 위해서 목숨을 아낌없이 바치는 민족성이므로 유리할 것이라는 경박한 사고방식을 지녔기 때문이었던 것으로 봐도 된다. 그러나 만세돌격(자살특공대)으로 마구잡이로 쳐들어가면 미국은 투항할 것이란 달콤한 생각은 태평양 가운데의 미드웨이 섬 공략전의 실패로 일본 군부는 새파랗게 질려버렸던 것이다.

유교와 불교의 나라로 문신文臣이 다스리는 조선 따위는 일본 무사들의 창검 앞에 여지없이 무너질 것이란 망상을 지닌 토요토미를 일깨워주기 위해 직언直言을 한 것은 시마이島井란 일개상인 한 사람뿐이었던 것이다. 그래서 자신의 주장에 동조해 줄줄 기대해왔던 소오宋를 뒤돌아보았지만 조선조와 일본국의 양쪽 눈치를 봐오던 대마도주는 역시 무신武臣인 토요토미豊臣 앞에 머리를 조아리고 꼼짝을 못했던 것이다. 당장에 토요토미 쪽을 편들지 않으면 멸망을 면치 못할 것을 알았기 때문이다. 일본의 수군水軍연구가요, 역사소설가 시라이시 이치로白石一郎의 서적 속에서도 조선조의 지시를 받아왔던 대마도를 근거로 했던 왜구의 무신들의 이름이 기록돼 있다. 소오다 사에몬타로오早田左衛門太郎, 와가모우치 토오쿠로오甲鳥打藤力郎, 하야시 온(林溫: 중국계인 듯) 등등이 있다. 이런 저런 사정을 까맣게 모르고 있던 토요토미豊臣에게 다이묘大名들은 그저 머리를 조아리고 꿇어 앉아있기만 했다. 그들은 잘못 말했다가 엄청난 불이익을 받을까봐 꼼짝도 하지 못했던 것이다. "이제 네깐놈 같은 얼굴은 보기도 싫으니 다신 나타나지도 말 것이며 구주로 돌아가라"라고 버럭 소릴 질렀고 시마이는 속으로 '당신이 말 안하더라도 난 고향으로 돌아갈거요' 라고 속으로 생각하며 그 자리를 물러났다. 시마이의 고향은 하카타博多였는데 토요토미는 시마이에 대해서 미워한 건 물론 그의 고향 하카타까지 미워했다. 그때부터 새롭게 권력에 다가가는 상인들은 줄을 이었고 시마이는 "천하제일의 권력가란 자가 저 정도의 인물이라면 구태여 그에게 다시 다가갈 필요는 없다. 내게 알맞은 장사나 하는 게 상인의 본래의 길인 것을……"라며 천하에 몇 번째 가는 거상으로부터 작은 지방도시의 거부로 물러나 앉았던 것이다.

그의 말대로 조선정벌은 실패했고 토요토미豊臣가 죽고 토쿠가와 이에야스德川家康의 시대가 열렸다. 도쿠가와德川시대에 접어들고 쿠로다 나가마사黑田長政가 새 영주로 후쿠자키福崎로 부임하자 새롭게 성을 짓고 하카타의 상인을 불러들여놓고 "이제부터 지명을 바꾸기로 한다. 성城을 지은 후쿠자키福崎는 후쿠오카福岡로 바꾸고 하카타도 인접해 있으므로 후쿠오카로 바꾸기로 한다"라고 명을 내리는 것이었다. 여기서 하카타 상인 일동은 일제히 "하카타의 지명은 국제무역의 터로 세계적으로 알려져 있습니다. 단순한 지명이 아닙니다. 하카타의 명칭은 그대로 두시길 바랍니다" 이 소리에 나가마사長政는 격노했으나 나가마사의 아버지 쿠로타 죠스이黑田如水는 일단 은퇴한 몸이었으나 "하카타는 그대로 두기로 하게"라고 아들에게 말함으로써 무사히 후쿠오카福岡시와 상인의 시市 하카타博田로 두 개의 지명을 지닌 채 명치유신까지 지속돼 왔다. 현재에도 후쿠오카와 인접해서 하카타의 지명은 살아남아 있다. 이렇게 하카타 상인들을 종용한 것은 말할 것도 없이 반골叛骨의 거상巨商 소오시쓰島井宗室였던 것이다. 그가 자손에게 남긴 유훈遺訓은 "시작과 끝마무리·계산·재치·신용의 네 가지를 항상 잊지말라"라는 내용의 것이었다. 요즘도 사업의 뒤처리를 깨끗이 못함으로써 재벌이 교도소에 들락날락하는 모습을 볼 수 있지 않은가?

주인선朱印船 무역왕
스미노쿠라 료오에이
角倉了以

스미노쿠라 료오에이(角倉了以: 1554~1614년)는 요시다 소오케이吉田宗桂란 의사의 장남으로 태어났다. 그 후 고리대금업자 스미노쿠라角倉 집안에 데릴사위로 들어가 료오에이了以라 불리게 된다. 1603년 강호막부(江戶幕府: 德川정권)의 명령을 받은 그는 무역선 주인선朱印船을 타고 안남(安南: 지금의 베트남)을 왕래하면서 교역을 시작했다.

토요토미 히데요시豊臣秀吉 때부터 무역 허가증인 주인장朱印章을 받고 무역을 할 수 있는 배를 주인선이라고 불렀다. 일본에서 유황과 칼·창·활 등 무기를 싣고 가서 팔았던 것으로 그 고장의 각종 약품과 서적을 사 들여오곤 했다. 스미노쿠라角倉는 이렇게 해외무역을 하는 한편 하천河川 개발 토목공사에 손을 대기 시작했다. 그 후 사가嵯峨 호쓰가와保津

川 공사에 착수하여, 공사현장에 참여하면서 화약을 사용해 바윗덩이를 폭파시키는 등 맹활약을 했다. 그 결과 배편으로 곡식과 소금·철 등을 교토京都까지 운송하는 데 성공했다.

철도나 항공편이 없었던 옛날엔 가장 빠른 수송수단으로 우마차보다 배편이 몇 배나 효과적이었다. 이 때문에 임진왜란 때 왜군이 수만 명 또는 수십만 명 북상하면서 무기와 식량 보급수단으로 선편을 선호하였다. 하지만 이순신에 의해 보급로가 끊겨 전쟁을 더 이상 수행할 수가 없었다. 일본 수군의 주목적은 조선의 수군을 무찌르는 것보다 자신들의 보급로를 확보하는 것이었다. 당장 적을 쳐부수는 것만이 능사가 아니라 식량과 무기보급로의 확보가 중요한 과제가 된 것이다. 6·25 동란 때 공산군은 유엔군 공군에 의해 보급로가 끊겨서 패퇴했고 태평양 전쟁 역시 보급로가 끊겨진 일본군이 기아상태에 빠져 밀려나게 되었던 것이다.

러·일 전쟁 때도 같았다. 러시아는 무기 탄약과 식량을 실은 기차로 시베리아 벌판을 가로질러 만주·여순까지 가야 했다. 하지만 일본군은 기차로 한반도를 북단하여 올라가면 금세 격전지 여순에 도착되었기 때문에 비교가 되지 않았다. 또한 러시아 함대가 한 달 이상을 대서양·인도양·남지나해를 거쳐 일본 땅 근처에 다다른데 반해 일본 해군은 의기양양하게 자기 땅 연안에서 기다리고 있었던 것이다. 따라서 해전에 승리했다고 해서 대단한 자랑거리가 될 수가 없었다. 이렇듯 하나의 전쟁 기록을 볼 때 단순히 그 결과만 보고 평가를 해서는 곤란하다. 물자를 보급하는 것이 전쟁만큼 중요하다는 것이다.

1610년 교토京都 호-고오지方廣寺의 대불大佛 건립을 위해 다량의 목재수

송을 하기 위해 가모가와鴨川에 수로를 뚫고 다까세가와高瀬川에 운하를 건립했다. 스미노쿠라角倉는 이 공사를 자신의 사재 7만 5천량을 털어 완성시켰다. 그 결과 교토京都와 오사카大阪 간에 수로가 완성되어 교토京都의 경제안정에 크게 기여하게 된다. 이 당시 교토京都는 행정수도가 에도(江戶: 東京)로 옮겨간 후 경제적인 침체를 피할 수가 없었다. 이걸 스미노쿠라角倉 개인의 힘으로 바로 잡아놓았던 것이다.

이는 한의사의 피를 이어받아 과학적인 합리주의를 통해 무역·돈놀이로 막대한 재산을 쌓은 스미노쿠라角倉가 아니면 도저히 불가능했다. 막대한 재산을 쌓으면 한층 더 재산을 늘리려는 게 사람의 속성이다. 그러나 스미노쿠라^{角倉}는 대담하게 자기의 부를 공공이익을 위해 쾌척했다. 스미노쿠라^{角倉}는 교토^{京都}의 번영을 이루게 한 교토^{京都}의 은인이라 볼 수 있다. 그 결과 오늘날까지 교토^{京都}에 있는 그의 저택자리가 잘 보존되어 있고 가메야마^{龜山} 공원에 세워진 동상과 헌장비 등 그의 업적을 기리는 기념물들이 도처에 서 있다.

　이런 이유 때문에 스미노쿠라^{角倉} 세대 이후 거상^{巨商}으로 떠오른 다른 일본상인들 대부분이 스미노쿠라^{角倉}를 존경했고 스미노쿠라^{角倉}를 따르고자 노력했다고 여러 전기^{傳記}는 전하고 있다.

명치유신의 공로자
무기상 그라바
Thomas B. Glover

요즘 국내 여행사를 통해 일본 큐슈·나가사키 관광코스를 돌아보게 되면 나가사키 항구를 내려다보이는 고지대에 그라바(일본식 발음: Glober) 공원이 여행코스에 끼어 있을 것이고 거기에 낡은 양옥 한 채가 있는데 그 집에 살던 그라바(Thomas B.Glover: 1838~1911)라는 인물은 어떤 사람일까? 왜 나가사키시(市)는 그 집을 이토록 보존하며 그를 기리는 것일까? 그 내용을 알고 있는 이는 별로 없다. 이야기의 발단은 1862년 8월 나마무기(生麥)란 곳으로 사쓰마 번주(큐슈 가고시마현 일대의 영주)의 행렬이 지나갈 때의 행렬 앞을 영국인 네 명이 말을 타고 가로질러 지나갔다.

이에 격분한 사무라이들이 그들을 습격, 1명이 즉사하고 3명이 부상하는 사건이 일어났었다. 서로의 관습을 모르는 데서 일어난 돌발사고

였지만 이에 격노한 영국정부는 막대한 손해배상과 사죄를 요구해왔다. 그런데 사쓰마 번이 이에 응하지 않자 1863년 7월, 영국의 동양함대(군함 7척)가 들이닥쳐 시(市)를 포격해서 막대한 손상을 입혔었다.

물론 사쓰마의 무사들도 이에 대응하여 포격전을 벌였으나 이들의 포환은 단 한 척의 영국함선에 손상을 입히지도 못했다. 사쓰마 번 대포의 사정거리는 1km인데 비해 영국함대의 사정거리는 무려 4km나 되었기 때문에 아예 상대가 될 수 없었던 것이다. 그해 11월에 이르러 양측 간에 화합이 되었지만 사쓰마 번은 잊을 수 없는 쓰디쓴 고배를 마셨던 것이다.

이에 사쓰마 번은 근대식 무기 정비를 통감하고 영국의 신식무기를 사들이고 영국의 모든 행정체제를 배우게끔 유학생을 보내게 되었다. 여기에 등장한 게 나가사키의 영국인 무역상 토머스 그라바였다. 스코틀랜드 태생으로 20세 때 중국 상해上海로 건너가 영국 상사에 근무하며 일을 익히다가 1859년에 나가사키 항구가 개항되자 나가사키로 옮겨와 그라바상회를 설립했던 것이다. 처음엔 일본차茶를 수출하는 등 소규모 무역을 하다가 사쓰마와 영국 간의 무력충돌이 일어나자 사쓰마 번薩摩藩과 쵸오슈우 번長州藩에 현대식 함선과 대포와 포환·소총을 대량으로 팔아 막대한 이익을 챙겼던 것이다. 1865년 7월에 쵸오슈우 번이 사쓰마 번 명의로 사들인 무기구입 내역을 보면 미니어 총 4천 300정(7만 7천 400량), 게벨 총 3천 정(1만 5천 량) 등 도합 9만 량이 넘는 막대한 것이었다. 그라바는 이렇게 벌어들인 부를 사쓰마와 쵸오슈우의 사무라이들을 영국에 유학시키는 데 쓰기도 했다. 쵸오슈우의 이토 히로부미伊藤博文와 수많은 사쓰마 번 무사들을 영국에 유학시킴으로써 근대적 법률을 포함, 모든 유럽의 문물을 도입시켜 명치유신 후의 일본 재건을 돕게끔 했다. 또한 명치유신의 공로자 키토다카요시木戶孝允를 막부의 눈을 피해 자택에 장기간 숨겨주기도 했다. 그라바의 부인은 쓰루라고 불리우던 일본 여성이었다.

막대한 신식군사력을 갖춘 사쓰마와 쵸오슈우는 1868년 12월 상당한 군사력을 갖춘 막부 군과 정면충돌, 막부 군을 격파하고 패주케 했다. 이것을 도바·후시미鳥羽·代見의 전쟁이라 부른다.

이 전쟁으로 인해 도쿠가와 막부는 급기야 모든 거성巨城과 권력을 일본 천황에게 돌려주고 명치유신 시대로 접어들게 되었던 것이다. 때때로 그라바는 "도쿠가와 막부에 대한 최대의 반역자는 바로 나다"라고 했다지만, 이 말을 뒤집어보면 "명치유신의 숨은 공로자 중 하나는 바로 나다"라는 말로 해석되기도 한다.

그러나 1870년에 그라바상회는 파산했고 그 얼마 후엔 미쓰비시三菱 재벌의 상임고문으로 활약하다가 1911년 동경의 아자부麻布 자택에서 병으로 세상을 떠났다. 일본의 각 지방도시를 여행하다보면 그 고장 출신의 문인이나 화가들의 기념관이 많은데 나가사키의 '그라바 공원'과 같이 외국관광객들이 빠짐없이 둘러보는 코스는 그리 흔치 않다.

섬유산업에서 자동차산업으로
세계의 토요타를 만든 토요타豊田

오늘도 거리엔 렉서스와 벤츠와 아우디 차車가 달리고 있다.

우리나라에서도 렉서스 차車의 애용가들은 많은 숫자가 된다.

토요타가 다른 회사와 다른 점은 어떤 것일까?

우선 닛상日産 자동차는 신입사원을 채용할 때 도쿄대 등 명문대 출신을 주로 채용했다면 토요타는 지방대 졸업생에게 문을 활짝 열어놓고 있다.

언뜻 생각하면 닛상이 토요타보다 유리해질 듯하지만 그 결과는 달랐다. 토요타는 몇 차례 위기를 맞기도 했지만 세계 자동차시장을 주무르는 초 일류업체로 성장했다.

토요타에선 공장직공이 조립 도중에 문제를 발견하면 공장천정에 매달려 있는 흰색 끈을 잡아당긴다. 그러면 공장전체에 음악이 울리며 일체의 공정이 중단되고 담당자들이 문제 해결 방안을 논의하게 되어 있다. 일개 기능공이 스스로의 판단에 의해 대공장의 생산라인을 멈춘다는 것은 전통적인 생산방식에선 있을 수 없는 일이다. 생산라인을 멈추면 모든 종업원이 일손을 놓게 되고 그 손실은 단기적으로는 너무나 크다. 그래도 거시적巨視的으로 신뢰도가 높아진다.

1894년 시즈오카靜岡懸에서 토요타사키치豊田佐吉에게 아들이 태어났으니 이름을 토요타 키이치로喜一郎라 붙였다.

1985년 일본日本특허청廳이 '과거의 발명가' 10명을 표창한 중의 한 사람으로 포함됐다. 이 사람을 아버지로 해서 태어난 키이치로喜一郎는 유전적으로 머리가 명석할 수밖에 없다. 사키치佐吉는 동력 직기織機의 발명으로 너무나 열을 올려서 그 부인은 가출을 해버렸다.

그래서 키이치로喜一郎는 할아버지 슬하에서 유년기를 지냈다. 사키치佐吉는 직물기의 사업화에 정성을 다함으로써 경영 상태는 안정되질 않았으니 키이치로喜一郎도 편안하게 자랄 수는 없었다. 훗날 키이치로喜一郎는 자신의 유년기 때의 쓰라림을 잊지 못하고 자신이 회사를 경영할 때에도 사원들에 대한 배려하는 마음씨는 여러모로 따뜻한 것이었다고 여러 가지 일화가 남아 있다.

자동차 사업을 일으켰을 때에도 그 방면에 전문지식을 지닌 사람들을 그 스스로 설득해서 영입을 했고 남의 고통이나 기분을 상대의 입장이 되어 깊이 이해를 할 수 있는 사람이 됐던 것이다.

키이치로喜一郎는 제2고등학교를 졸업 후 1920년 7월에 동경제대 기계공학과를 졸업한 후에 아버지가 경영하던 '토요타 방직'이란 섬유산업에 발을 내딛게 됐다. 먼저 '토요타 방직'에 사원으로 입사하고 공장을

숙소로 정하고 아침 8시에 출근하고 오후 5시에 퇴근하는 것을 일과로 삼고 방직기술을 익혀갔다. 그러나 방직기술자들은 그에게 기계에 손도 못대게 하며 극히 배타적이었다. 이때에 아버지와 그의 여동생의 남편이 영국에의 외유를 권하는 것이었다. 그래서 당시의 세계적인 섬유기계 메이커였던 '브렛드 부라더스 사社'를 공장실습지로 삼게 되었다.

먼저 배편으로 미국 센프란시스코에 도착하고 미국의 공장에서 실습을 하면서 노트를 한 권 사가지고 열심히 일지 겸 공장 실습기를 적어놓기 시작했다. 특히 '브렛드' 사社의 공장실습의 관찰은 세밀하기 그지없는 것으로 '생산의 평준화'와 '능률화'에 대한 문제점을 심도 있게 기록한 것들이었다.

그는 하숙집에서 난로에 불을 붙이고 노트에다 '자동직물기'의 발명에 온 힘을 쏟아 넣었다. 특히 '브렛드' 사社에서 섬유직조기의 조립 현장을 보고 나서 직조기 자체의 제조기의 제조과정과 운영을 관찰 습득을 했다.

토요타 방직의 자매회사인 기쿠이菊井 방직에서 미국의 섬유기계제조사 '화이틴'사에 주문했던 새 방직기가 일본에 도착했다는 소식을 듣고 부랴부랴 귀국해서 미국의 기술자에게 방직기의 사용법과 관리와 운영까지 1년간에 걸쳐 습득을 했다. 그리고 1924년엔 'G형 자동직기'를 탄생시켰다. 이것에 개량을 거듭해서 1938년엔 '제국발명협회'로부터 은사恩賜 기념상까지 받게 된다. 그러자 이 정보를 알게 된 '브렛드' 사는 그들의 특허권 양도의사를 알려왔고 '브렛드'사와의 '토요타, 브렛드' 협정을 체결했다.

그러자 '브렛드' 사가 있던 올댐 시市는 실업자의 거리로 변해버린다.

이것은 곧 토요타로 하여금 자신의 기업체의 앞날을 예고해주는 것 같았다. 토요타는 귀국하고 나서 '자동차 산업'에의 길로 들어서게 된다. 1930년 봄이었다.

처음엔 소형엔진의 제작부터 시작했다. 엔진의 기능부품인 시린더 브록에 필요한 주조기술에 그는 자신을 갖고 있었기에 이 시작품이 성공했을 때부터가 그의 자동차 사업에의 시발점이 되었다.

당시에 나고야名古屋엔 '중경中京 데토로이트 계획'에 의한 자동차 제조 계획이 이미 있어왔으므로 소형 승용차 분야에선 강력한 라이벌이 이미 있어왔던 것이다.

그리고 자동차 시린다 브록제작은 그가 알고 있던 직조기의 정밀도와는 비교가 안 되게 정밀한 것이어서 거듭 난항을 겪다가 1935년 5월에 겨우 'A1형 승용차'와 8월에 'G1형 트럭'의 시작품을 완성시킨다.

토요타는 당시를 회고해서 이렇게 말하고 있다. "자동차 제조에 착수하기로 하고 3년간 대체 무얼했는가? 라고 한다면 단 한 대의 차도 만들지 못했다고 말할 수밖에 없었다"라고 했다. 당시의 고충과 고통을 잘 말해주고 있다.

1938년 11월에 코로모란 지방도시에서 '코로모 공장'의 준공식이 열렸고 이것이 최초로 자동차 대량생산의 개시가 되고 '토요타 자동차'의 창립기념일이 되었다.

1939년에 코로모 공장은 본격적인 가동을 개시했고 토요타는 사장으로 취임했다. 그러나 시작試作 단계에선 성공했음에도 불구하고 그 품질은 과히 양호한 것은 되질 못했다. 그래서 그때까지 '국산차의 양성'을 지향하던 정부에선 재료 지급의 정지를 고려하게끔 되는 심각한 상황이 되기도 했다. 더욱이 태평양 전쟁의 와중에서 국산승용차의 자유로운 제조는 제약을 받기도 했다.

종전이 되자 경제적 혼란의 와중에서 1950년에 대규모 노사 분규가 발생해 도산 직전까지 내몰리게 된다. 이때에 토요타는 1,600여 명을 퇴직시키는 강도 높은 구조조정을 강행했다. 그와 동시에 경영자로서의 책임을 지고 사장직을 물러난다. 창업자가 사임을 하자 임원과 노조원들은 감격을 했고 토요타는 '신뢰의 틀'을 확실하게 쌓아 올리는 것과 같은 것이었다.

1959년도엔 '성과공유제成果共有制'를 원칙으로 원가절감, 품질향상, 신제품개발 등에 대해 협력업체와 그 노력과 결실의 공동소유를 강력히 추진해온 상생相生 경영이 속속 열매를 맺어왔다. 또 경영상황이 아무리 어렵더라도 협력업체에 지급할 3개월간의 대금은 확보해오는 전통을 지녀왔다. 또 협력업체에 납품 가격을 낮추라고 강요하는 일도 없었다. 1952년에 그는 다시 사장에 추대되기 직전 58세의 나이로 별세를 했다.

2006년도 기록에 의하면 미국자동차 딜러 협회(NADA)가 미국 내 자동차 딜러를 상대로 자동차 브랜드별 만족도를 조사한 결과 토요타의 렉서스가 100점 만점에 96점을 받아 1위를 차지했고 GM을 앞지르고 판매 1위에 오르게 됐다고 보도하고 있다.

또 이러한 성과를 거두는 한편 저소득 가정 고교생에게 학자금을 지원하고 세계 유명 오케스트를 초청해 공연수익금 전액을 자선기금으로 쓰기도 하고 '암 연구기금'을 적립 사용하기도 하는 등 사회, 문화 발전에 공헌을 하기도 했다. 또한 토요타는 생전에 "내 모든 사업의 성과는 내 친구들의 다대한 노력의 결실이었다"라고 겸손해 했다.

3계명

우선 순위를 정하자
소중한 것이 먼저다

무역의 정보통
오오노 벤키치
大野弁吉

가가번加賀藩, 현재의 가나자와金擇·도야마富山 지역으로 마에다 도시이에前田利家의 후손들이 지배하는 곳이다. 이 지역의 거상巨商 제니야 고헤에錢屋五兵衛에게는 오오노 벤키치大野弁吉란 젊은 참모가 있었다. 좋게 보면 제갈공명이고 나쁘게 보면 정보브로커로 볼 수도 있다. 30세경부터 손재주가 있어서 카라쿠리인형(人形: 자동인형)의 기능공이었다. 요즘은 건전지나 전력 등의 원동력이 있지만 당시엔 오로지 한 가지 수법, 즉 태엽을 감는 것만이 동력이 될 수밖에 없었다.

좀 과장된 얘긴지 모르겠으나 이런 일화가 있다. 가가번의 군주가 벤키치를 불러 '내게도 그 인형을 하나 만들어주게'라고 하명을 했다. 벤키치는 혼신의 재능을 다 쏟아 부어서 차를 나르는 어린이 무사인형을 만들어 헌납을 했다. 태엽을 감아주자 인형은 차 쟁반을 들고 뒤뚝뒤뚝 걸어서 군주 앞까지 다가갔다. 군주는 우습기도 하고 신기해져서 '인형 주제에 꽤나 영리하구나'하고 부채로 인형의 머리를 한번 '탁' 하고 쳤었다. 그러자 인형은 찻잔을 내려놓고 군주를 노려보면서 칼자루에 손을 댔다. 무사를 모욕했으니 가만 안 있겠다는 뜻이 된다. 대체로 정교한 인형사는 인형이 쟁반을 들고 나르는 데까지는 만들 수 있으나 이건 한층 더 놀라운 기술이 아닐 수 없었다. 군주는 깜짝 놀라서 가슴이 서늘해지는 공포감까지 들었다. 그래서 '그 인형은 필요 없으니 도로 가져가'라고 돌려보냈다. 그만큼 벤키치의 인형 제작은 정교한 것이었다.

그 인형 중 몇 개는 지금도 겐로쿠엔(兼六園: 일본의 3대 정원의 하나로 가나

자와 시내에 있음) 옆 역사 자료박물관에 별도 코너를 만들어 전시되고 있다. 이러한 벤키치는 수시로 제니야에게 자기 정보와 의견을 개진했고 제니야는 과감하게 행동으로 옮겨갔다. 가가번의 재가를 받은 무역선을 남하시켜 구주九州 근처의 섬에 내려보내 싣고 간 가가번의 토산물을 모조리 팔아치우고 이걸 돈으로 안 받고 물물교환으로 섬에 정박해 있던 영국과 네덜란드의 무역선에 싣고 온 외국물품을 몽땅 받아 상업도시 오사카(옛 지명: 大阪)로 올라가 거금을 받고 팔아버렸다. 그 돈으로 다시 큰 배를 건조해서 대량의 쌀을 싣고 러시아의 연해주와 캄차카로 가 역시 현금 대신 동물의 모피와 해산물을 듬뿍 받아 일본 국내에서 팔곤 했다. 북해도 쪽으론 그곳의 귀중품인 광목·초·실·다다미를 싣고 갔고, 올 때는 각종 생선과 다시마·콩을 실어왔고 생선을 다시 건어물로 말려 저장해 두었다가 팔기도 했고 값싼 생선은 농촌의 비료로 팔았다. 다시금

벤키치의 정보에 의해 만주 흑룡강黑龍江 일대로까지 올라가 중국인·만 주인들과 교역, 어마어마한 재력을 쌓아갔다.

그러나 가가번 안에는 제니야의 도약을 흰 눈동자로 노려보고 있는 무 사들이 있었다. "우리 가가번은 제니야를 앞잡이로 내세워 밀수를 하고 있는데 이것이 막부에 알려지면 우리 번은 망할 수 있다.", 또는 "장사꾼 주제에 우리 군주를 돈으로 구워삶아 영화를 누리면서 우리 사족들을 무 시한다." 등이다. 언제나 권력과 결탁된 상인의 운명은 그 정권의 실력 자의 권한과 거취에 따라 좌우될 수 있다. 제니야는 오쿠무라란 번의 실 권자가 배후에서 밀어줌으로써 이토록 자라났던 것이다.

그런데 그 오쿠무라가 돌연히 병사를 했다. 벤키치는 즉각 제니야를 찾아가 "제니야님! 이젠 바다에서 땅으로 올라오실 때가 됐습니다"라고 운을 뗐다. 77세가 된 제니야는 "난 거대한 고래인데 고래가 땅에 올라 가면 어떻게 살 수 있겠나?"라면서 불쾌한 표정을 지었다. 자신의 활동 으로 가가번의 경제상태가 윤택해졌으므로 군주도 나를 업신여기질 않 는데 그까짓 불평분자 사족들이 "뭘 어쩌려고?"라는 자기도취에 빠져 있 기도 했다. 더욱이 제니야에게는 자식들이 많았다. 그들을 모조리 거상 巨商으로 만들어주고 싶은 게 또한 부모의 정이란 것이다. 이때에 삼남三 男인 요오조오要藏를 시켜서 대 간척사업에 손을 대게 된다. 여기에 동원 된 지역주민들이 임금인상을 요구하자 가가번에서 파견된 감독관들의 요청도 거부하고 먼 고장의 탄광광부들을 불러와 저임금으로 일을 시키 게 된다. 여기서부터 지역주민들의 분노는 폭발해버렸다.

"그는 밀수로 벼락부자가 된 주제에 지역에다 재산의 환원은 않고 먼

데서 건달깡패들을 불러들여 그들을 먹여 살리고 있다.", "제니야는 공사를 방해하는 지역주민을 죽이기 위해 간척지에 독약을 뿌리고 있다"는 등 허무맹랑한 루머가 그것이다. 그것이 조사결과 거짓이란 것이 드러났음에도 불구하고 오쿠무라의 반대파들은 일제히 제니야의 엄벌을 군주에게 상소하게 된다. 1852년 8월부터 제니야와 그 아들들은 투옥되었고 그해 12월에 제니야는 옥사를 했다. 일단 나쁜 놈으로 낙인이 찍히면 더욱 나쁜 놈으로 찍어 몰아쳐버리고 그 결말이 잔혹해질수록 일반 사람은 쾌재를 부르는 게 세상사라 볼 수 있다. 1854년 12월에 제니야의 아들들도 처형을 당했고 전 재산 몰수라는 가혹한 처벌을 받았다. 이때에도 벤키치는 어디까지나 제니야와 직접적인 관계는 없었다는 입장을 고수했고 이것이 주효해서 처벌을 면했다. 벤키치의 말대로 제니야는 좀 더 반대파의 의견도 배려를 하고 완강한 성격을 죽였었다면 적어도 자손들까지 처형은 안 당했을 것 같다. 벤키치는 명치유신이 되고 다시 다이쇼오大政 시대에 접어들 때까지 장수를 했다. 말년에 여성의 성병性病을 연구했다고 하니 희대의 기인奇人이기도 했다.

북해도 연안을 개척한
다카다야 카헤에 高田屋 嘉兵衛

다카다야 카헤에(高田屋 嘉兵衛: 1769~1827년)는 가난한 농민의 아들로 태어났으나 농촌 일보다는 바다를 동경했다. 그것도 어부가 되는 게 아니라 위대한 선장이 되는 걸 목표로 삼았던 것이다. 처음에 술통 등을 운반하는 작은 배의 사공부터 시작해서 30대 때 이미 작은 배를 자기 재력으로 장만해서 스스로 운수업에 뛰어들었고 30대 후반에 가서는 쌀 1천 500석을 선적할 수 있는 신에츠마루辰悅丸를 스스로 건조해서 본격적인 사업가가 되었다.

처음엔 일본 국내에서 술·소금·광목·양곡 등을 싣고 북해도 하꼬다데箱館까지 운송, 이것들을 팔고 난 뒤 생선·미역·비료를 선적, 다시금 북해도 연안으로 북상을 해서 파는 등 무역으로 일을 넓혀갔다. 막부(幕府: 德川 정부)는 그때까지 북해도를 에조蝦夷라 부르면서 자치구같이 방임을 해오다가 직접 행정직할지로 삼고자 북해도 주변의 섬과 정식 항로를 열려고 했다. 당시의 북해도엔 남쪽의 항구도시 빼고는 중부부터 북쪽까지 아이누족이 살고 있어서 일본 상인들과 교역을 하기도 하고 관원들과 충돌을 일으키는 일도 종종 있었다. 그러나 역사에 남을 만한 소요나 독립의 기운은 없었다. 북해도의 동북방 쪽엔 에토로프 · 쿠나시리 섬이 있었는데 조류가 빠른데다 돌연히 조류가 변하는 통에 항로가 없었다. 이것을 다카다야는 불과 쌀 70석을 실을 수 있는 작은 배로 쿠나시리에 건너가 항로를 열었으니 실로 탁월한 항해기술을 터득했던 것으로 생각된다. 아이누족은 북해도에 이미 선주민先主民으로 널리 분포되어 있으면서 독자적인 언어와 문화를 지닌 민족이었다.

학자들의 연구에 의하면, 2만 년 전인 구석기시대 때부터 살던 사람들을 아이누족의 선조로 보고 있다. 이 고장에 일본이 눈을 돌리기 시작한 것은 놀랍게도 1440년경이 된다. 북해도란 명칭은 1869년 일본정부가 이곳에 개척사開拓使를 두었을 때부터 붙인 이름인 것이다. 일본인들은 북해도의 남단에 다데館를 만들었다. '다데'란 방벽이나 성곽을 의미한다. 하꼬다데箱館가 그 대표적인 명칭으로 아이누족의 습격에 대비한 것이었다. 1669년에 아이누족의 봉기가 있었고 1789년엔 북해도 최대의 섬인 쿠나시리國後에서 또 봉기를 했으나 다시 패퇴했다. 1604년에 이미 막부는 북해도 남단에 마쓰마에번松前藩으로 하여금 화인(일본인) 거주지역을 만들어 둔 바가 있으나, 너무나 허약한(?) 번으로 독자적인 힘으로 북해도 전역을 다스릴 능력은 없었고 막부의 힘을 빌려서 겨우 유지돼온 터였다. 1806년 다카다야는 북해도 전 생산품의 총괄 총판책임자 겸 에토

로프 개발 청부 등을 배명받아 러시아의 남하정책을 염려한 막부의 정책과 맞물려 거상으로 발돋움했다. 1792년에 러시아의 사절 락스만이 네무로根室에 와서 교역을 제의해오자 러시아의 침략을 걱정한 나머지 이리저리 정상교역을 피해오다가 1799년 막부는 태평양쪽과 북쪽의 방비를 견고히 한 다음에 1807년에야 비로소 북해도 전체를 다스릴 수 있는 태세가 갖추어졌고 교역도 하게 된 것이다. 1812년엔 다시금 러시아의 통상요구가 거세짐으로써 다카다야도 그 분쟁에 말려든다. 즉 러시아의 군함에 의해 다카다야의 배가 나포되는 변을 당한 것이다. 이때에 선원 열 명은 바다에 뛰어들었다가 한 명만 살아남고 아홉 명은 익사를 했다.

다카다야는 이들과는 반대로 당당히 러시아 군함에 올라타고 캄차카까지 연행되었는데 함장과의 교섭에서 성공해 이듬해에 선원 몇 명을 데리고 북해도로 돌아올 수 있었다. 선원 몇 명은 억류지에서 오래 살다 사망했는데 그것이 강제억류에 의해서였는지 자진희망으로 그렇게 된 것인지 아직껏 여러 가지 설이 나돌고 있다.

아무튼 다카다야는 러시아어에 능통했던 까닭에 러시아와 일본과의 여러 교섭과정과 조정에 다각도로 이바지했던 게 분명하다. 일본뿐 아니라 러시아 쪽에서도 그의 의견을 존중해 주었다. 그밖에도 다카다야는 아이누족 등과도 잘 접촉해 그들을 이해시켰을 것 같다.

지금도 북해도 하코다데 시청 앞마당엔 그의 동상이 우뚝 서 있고 그의 연고지인 효오고켄고시키마치兵庫縣 五色町 교육위원회 마당에 '일·러 우호의 상'이란 이름으로 다카다야와 러시아의 함장 고로오닝 제독이 나란히 사이좋게 있는 동상이 있다. 또 같은 곳에 '다카다야옹高田屋翁 기념관'이 서 있어서 뜻있는 관람객들의 발길을 멈추게 하고 있다. 다카다 야는 거상으로 시작해서 명 외교관으로 그 명성을 길이 날렸던 것이다. 현재 남아있는 그의 초상화를 보면 좀 다르게 표현된 것이 두 점이 있다. 독자의 판단에 맡기기 위해 두 가지를 다 싣는다.

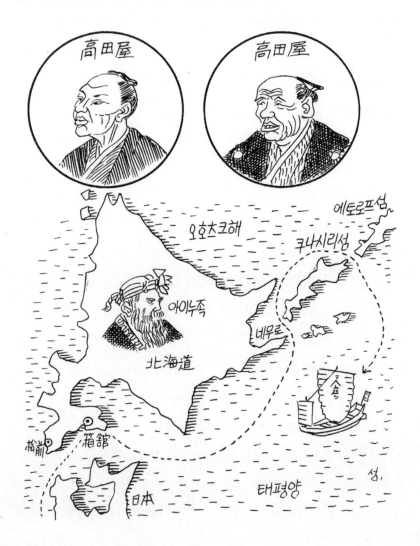

복수의 칼보다 전신기사를 선택한
일본전기 창업자
이와다레 구니히코岩垂邦彦

　명치 2년(1868년) 이와다레岩垂의 아버지 기타무라喜多村는 자객에 의해 암살을 당했다. 12세의 이와다레는 형과 함께 복수를 결의, 범인이 갔을 것으로 추정되는 에도江戶를 향해 떠났다. 당시는 부모나 형제가 죽음을 당하면 그 아들이나 형제가 가다키우치敵討라 해서 복수를 할 수 있게끔 공공연히 번주城主로부터 허가를 받을 수 있었고 또 최대의 미덕이 돼 있었다. 그러나 고향인 후쿠오카(福岡: 구주)를 등지고 에도에 다다라 보니 그 이름도 동경東京으로 바뀌어 있었고 주택과 생활양식도 전혀 새롭게 바뀌어 있었다. 모든 사람들도 신생국가를 위해 이리 뛰고 저리 뛰고 있었다.

그래서 형제는 "사적私的인 복수로 유혈극을 벌이기보다는 새로운 신생국에서 신식 공부를 해서 국민 모두에게 이바지하는 게 오히려 효도가 아니겠냐"란 결론을 내리고 그 당시 새로 생긴 공부대학(工部大學: 東京工學部의 전신) 전신과電信科에 입학해 공부에 열을 올렸다. 실제로 몇 해 후가 되는 명치 6년(1874년)엔 복수 엄금령이 중앙정부로부터 내려져 복수의 칼을 갈던 자나 복수를 피해 도망다니는 자나 모두가 한숨을 길게 내쉬었다. 한쪽은 복수를 안 해도 공공연히 체면 유지가 되었고 또 한쪽은 도망자의 공포로부터 해방이 되었던 것이다.

전신기사가 된 이와다레岩垂는 명치 19년(1886년) 요코하마의 무역상 후레저 상회商會의 소개장을 들고 뉴욕으로 건너가 에디슨 머신 웍스(지금의 제너럴 일렉트릭사)에 입사, 침식을 잊고 일에 몰두해서 발명왕 에디슨의 신임을 얻게 된다. 얼마 후 오사카大阪엔 대판전등大阪電燈이 설립되었는데 이곳 기사장技師長으로 초청받게 된다.

당시 동경東京엔 동경전등이 설립되었고 여기의 기사장도 같은 에디슨의 문하생이었던 후지오카 이치스케藤岡市助였고 그는 나중에 도시바東芝의 창업자로서, 이와다레岩垂는 일본전기의 창업자로서 일본을 전기왕국電機王國으로 이끈 쌍벽이 된다. 세계에서 최초로 전력사업을 일으킨 에디슨사가 채택한 방법은 직류식 방식直流式方式이었는데 같은 세대의 천재 발명가 니코라, 테스라가 주장하는 교류식 방식交流式方式이 서로 우월론을 따지고 있을 때였다.

테스라는 이 방법론 때문에 에디슨과 다투고 그의 밑을 떠나서 웨스틴하우스사에 들어가 교류식 방식으로 전기의 실용화에 착수했었다. 이와다레의 대판전등大阪電燈도 과감하게 교류식을 고집·채택했었다.

여기서 에디슨·후지오카 세력과 이와다레는 자연히 대립하게 된다. 에디슨 측은 교류식이 위험하다면서 개와 고양이를 감전사感電死 시키기도 하고 사형수에 쓰이는 전기의자를 채택하게 하는 등 갈등이 많았다. 이런 와중에도 미국에선 직류直流보다 교류交流가 좋다는 쪽으로 여론이 기울어져갔고 급기야 나이아가라 폭포발전소를 설치하는 데 교류식이 채택되어 에디슨까지도 1893년에 교류식 발전기 제조를 개시, 동경전등도 결국 교류식으로 바뀜으로써 이와다레의 주장이 승리를 거두게 된다. 현재 일본의 모든 전력은 교류식으로 공급되고 있으며 모든 전화電化 제품도 교류식으로 되어 있다.

명치 31년(1898년) 이와다레는 세계 최대의 통신기 메이커인 웨스턴 일렉트릭사(WE사)의 출자를 받아 일본 전기주식회사를 탄생시켰다. 일본전기는 전화기와 교환기 등 통신기기사업도 겸함으로써 일본이 정보사회국으로서의 대문을 활짝 열게 한 계기가 되었던 것이다.

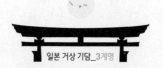

불량不良소년으로 여색女色에 빠졌다가 대재벌이 된 오오하라大原孫三郎

1880년 오카야마 현岡山 縣 쿠라시키倉敷에서 오오하라 마고사부로오大原孫三郎는 아버지 코오시로오孝四郎가 47세 때 낳은 아들이었다. 막내에다 늦둥이여서 애지중지로 키워졌다. 미곡상과 옷가게로 돈을 번 집안이여서 그가 신경질을 내면 애라 할지라도 어른들이 손을 못 댈 만큼 멋대로 자라났다.

14세 때 향교를 다니다 멋대로 퇴학을 해버렸고 집안에서 쫓겨날 걸 매형 등이 애걸을 해서 겨우 수습되었다. 1897년 동경에 올라가 동경전문(현 와세다 대학)에 입학했는데 시골의 부잣집 아들이 대도시에 올라오자 이걸 울궈 먹고자 덤벼드는 악동들이 우글거리고 있었다.

식사나 술을 사게 하는 건 약과요, 용돈을 뜯기도 하고 화류계와 도박판에 끌려 들어가 돈을 물 쓰듯 하게 만들었다.

정초가 되어도 고향에 안 돌아오자 아버지는 친척들을 시켜 데려오게 했다. 실은 오오하라는 고리대금업자의 돈을 써서 꼼짝을 못하고 있었던 것이다. 이때의 빚 돈이 원리금元利金 합쳐서 1만 5천 엔이나 됐는데 당시의 수상首相의 연봉이 1만 엔 정도밖에 안 될 때니 얼마나 많은 금액인가 짐작이 가지 않는가?

오오하라大原 집안은 변호사를 내세워 고리대금업자와 교섭을 해서 1만 엔을 갚는 것으로 합의를 보았다. 이때 아버지의 노여움은 극도에 달했고 고리대금업자와 교섭을 벌이던 친척 한 사람은 너무나 심신이 쇠약해져서 32세의 나이로 급사急死를 했다. 이 친척의 죽음을 접하고 급기야 오오하라大原는 커다란 충격을 받았고 개과천선을 하게 됐다.

먼저 오카야마의 고아원 원장인 이시이 쥬우지石井十次를 만나 친교를 맺게 된다. 이시이石井은 고아원의 운영 자금 조달을 위해 '음악 환등회'를 가졌다. 열렬한 크리스천인 이시이石井의 고군분투를 보고 주색에 빠졌던 오오하라大原는 정신이 든다. '병자를 구하는 건 아무나 할 수 있지만 고아를 구제해서 공부를 시키는 건 나밖에 없다'는 신념으로 의학공부를 내동댕이치고 고아원 사업에 전념하는 이시이石井의 참모습과 생각을 구주로 가는 열차 속에서 듣고 나서 오오하라大原도 새로운 투지를 갖는다.

고아원 사업을 위해서 거금을 기부하는 건 물론 직접 관리인이 되기도 했다. 이즈음 오오하라大原의 아버지는 힘겹게 쿠라시키 방적紡績을 확장해서 경영하다 아들에게 그 권한을 옮겨 주었다. 오오하라大原의 투지는 이 방적공장을 늘렸을 뿐 아니라 쿠라시키 은행까지 설립 두취(총제)로 취임했다. 방적에선 직공의 교육부를 설치하고 기숙사를 짓는 동시에

진료소까지 차리고 회사와 공장의 노동환경 개선에 전념했다.

　다른 공장에 비해 일을 할 의욕이 생기게끔 대우가 좋아지니 능률은 늘어날 수밖에 없다. 1차 세계대전 직후엔 자본가와 노동자의 이해를 조종하는 방법을 연구키 위해 '오오하라사회문제大原社會問題 연구소'를 설립하기도 했다. 여기엔 진보적 학자들이 참여해서 정부의 감시대상이 되기도 했다. 그러나 이에 굴복치 않고 연구소에 계속 기부금을 대어주었다.

　1911년에 기비倚備 방적을 사들였고 전력, 신문, 금융, 사철(京阪: 전기철도), 비단방적 등 사업은 꾸준히 성공적으로 늘려갔다. 소화 초기 때엔 대공황기를 맞아 방적 등 심각한 타격을 받기도 했으나 정부를 움직여 8백만 엔의 장기융자 도입을 받아내 재기하기도 했다.

더욱이 그의 아들 소오이치로오總一郎는 이론가이면서 실천가여서 비니롱의 공업화를 성공시키기도 했다. 아들이 자신의 사업을 순조롭게 키워나가자 오오하라大原는 문화와 사회사업에 적극적으로 손을 대기 시작, 명목만의 문화사업이 아닌 국가적인 사업으로 성장시켜나갔다.

한 예로 쿠라시키에 있는 오오하라미술관大原美術館은 이집트 고대미술품부터 인상주의 회화와 조각을 망라했고 근대일본미술의 정수가 몰려 있어서 일본 내日本 內는 물론 국제적으로도 알려져 있다.

1930년에 개설해서 그의 재력과 지식을 동원해 심혈을 기울인 수집품이었는데 2차 대전 이전까진 관객이 적어 오오하라大原는 늘 한탄을 하곤 했었다. 그러나 그의 선견지명先見之明은 수십 년 후에 광채를 띄기 시작, 현재는 연간年間 내외국인 450만 명이란 엄청난 관객이 몰리고 있다.

특히 미술품 수집이나 미술관 운영은 길고 긴 안목을 지녀야 한다는 것을 보여주는 좋은 예라 할 수 있다. 쿠라시키倉敷를 찾는 이들의 대부분은 이 미술관을 관람하기 위해서고 이 미술관의 창설자는 기업가로서의 명성보다 문화사업가로서 더욱 빛을 내고 있다. 특히 우리나라로선 부러운 기업가가 아닐 수 없다.

자전거포 사동에서
재벌이 된 마쓰시다 松下孝之介

1894년(일본 명치 27년) 11월 27일 마쓰시다는 와카야마현和歌山縣에서 여덟 명 형제 중 막내로 태어났다. 그가 네 살 되던 해에 아버지는 쌀 도 매상을 하다 실패, 집도 땅도 모조리 잃어버렸다.

그 와중에 큰형, 둘째 형, 누나가 계속 병으로 죽고 그는 초등학교에 다니다가 졸업도 못하고 아홉 살에 오사카大阪에 올라가 자전거 점포에서 사동으로 일하게 된다.

어린 나이에 어머니와 떨어져 그 쓸쓸함을 못 견디고 밤마다 울고 지냈다. 그러나 아버지가 늘 하던 말씀, 즉 "사람은 출세를 해야 한다, 옛날부터 잘난 사람은 어렸을 때부터 남의 집에서 머슴살이를 하며 고생을 해서 출세를 했으니 어떤 일이 있어도 참고 견뎌야 한다"고 타이르곤 했다. 그가 자전거포에서 일할 때 손님들이 담배를 사오라는 심부름을 자주 시

컸다. 그때마다 한 갑씩 사오기가 번거로워서 아예 20개들이 한 케이스를 사다 놓고 손님이 시킬 때마다 즉시로 팔다 보니 한 케이스에서 한 갑 값이 떨어짐으로 그에겐 큰 벌이가 됐다.

당시엔 자전거 값도 비싸고 고급상품이었지만 그때 오사카 시내에 설치된 전차의 매력에 흠뻑 빠졌다. 그래서 전기관계 일을 하고자 오사카 전등회사에 지망을 한다.

그러나 석 달 후에 입사하게 되어서 시멘트 회사에서 육체노동을 하다가 15세 때에 겨우 전등회사에서 내선内線 수습공으로 채용됐다.

먼저 옥내 배선공사 조수가 되어 전공 뒤를 따라 다니다가 배선공으로 승격, 극장 안의 배선공사나 공원 풀장의 네온사인 공사 등을 하다가 야학으로 중학교도 다녔다. 20세가 됐을 때 누님이 주선해서 결혼을 했으나 당시엔 선보는 일도 없었다. 그녀 역시 재봉틀을 배우고 남의 집 가정부 일을 하고 있었다.

그의 부인의 내조는 실로 큰 것이어서 처음엔 홀로 생계를 꾸려나갔고 마쓰시다가 독립을 해서 일을 꾸려 나갈 때에도 경리 일을 맡아 알뜰하게 남편의 일터가 커지는 데 이바지했다. 남들은 마쓰시다를 경영의 신神으로 추앙했지만 그녀는 "우리 남편은 결코 신이 아니며 내가 계속 충고를 해 왔다"라고 술회하기도 했다.

그가 다니던 회사에선 그의 실력과 노력을 높이 사 주어 승격을 시켜왔다. 그러자 그가 새로 고안한 소케트를 경영주에게 보이고 채택할 것을 요망했으나 여기선 보기 좋게 거절당했다.

1917년 안정적인 전등회사를 사퇴하고 그때까지 모아 두었던 일백 원을 자본삼아 독립을 했다. 거기에 처남까지 가세를 해서 전셋집을 공장으로 쓰고 소케트를 양산하기 시작했으나 거의 팔리질 않아 곤궁에 빠져들었다. 그러나 연말이 되자 어느 회사에서 '선풍기'의 부속품 1,000개를 주문해온다. 처남과 그는 밤잠을 안 자고 그야말로 피땀으로 일해서 납품기일 안에 납품을 완료, 거기서 신용을 얻어 계속 일거리가 들어왔다. 여기서부터 전 업계에서 그를 인정하기 시작, '전기 기구제작소'를 창립, 끼어 넣기 푸라그를 개발, 동경에까지 판로를 넓혔다. 1차 세계대전이 끝나고 불경기가 불어 닥쳐도 마쓰시다는 끄떡없이 견뎌냈다.

1922년엔 공장을 신설, 자전거용 포탄砲彈형 전지 램프를 개발 성공한다. 대단한 게 아닌 걸로 보여도 그때까지 자전거용 전지 램프는 잘해야 세 시간 만에 닳아 없어질 뿐더러 고장이 잦았다. 처음엔 자전거 제작소에서 손을 내밀지 않자 그는 신제품을 직접 자전거 소매상에 들고 가서 램프를 부착시키고 얼마나 오랜 시간 불이 켜지나 확인을 시켰다. 그의 신제품은 종래의 3시간짜리에 비해 30시간이나 지속됐다. 실로 10배의 성능에 해당된다. 그래도 자전거포에서 꺼려하자 한 군데에다 2~3개씩 배급해서 충분한 신용을 얻은 뒤에야 대금을 받아갔다. 이렇듯 육탄 공격형 작전은 대성공을 거두어 히트 상품이 됐다.

1927년 처음으로 그의 제품에 '내셔날' 상표를 쓰기 시작, 포탄형에서 네모꼴형 램프로 개조하되 당시에 1원 25전 신제품 일만 개를 무료로 전국시장에 방출을 했다. 오카다岡田 건전지에서 전지를 1년에 20만 개를 팔겠다고 계약을 맺었는데 1년에 47만 개를 팔게 되어, '내셔날 램프'는 전국 방방곡곡 모르는 이가 없게 됐다. 얼마 지나서 금융 대공황이 일어나 여러 개의 은행이 폐쇄됐으나 불과 두 달 전 '스미모토住友' 은행과 "필요할 때엔 언제든 2만 원까지 대출해주겠다"란 약속을 받아낸 바가 있어서 마쓰시다는 급성장을 했다.

그러다 1929년도에 세계적인 대공황(뉴욕의 주식의 대폭락)에다 정부의 긴축 정책으로 불경기를 맞는다.

모든 공장들이 폐쇄하거나 종업원 해고를 하는 회사가 늘어날 때 마쓰시다의 매상도 급격히 하락, 재고품은 창고에 넘쳐흐르고 그는 병상에 눕게 된다. 간부 사원들은 그에게 공원수효를 반으로 줄일 것을 제안했다. 그러나 그는 "공장을 반나절 근무로 하되 월급은 전액 그대로 지급하고 다만 쉬는 날을 반납하고 온 힘을 다해서 재고품 팔기에 나서라"라고 지시했다. 이런 불황 속에서도 사원들 급여를 그대로 지속한다는 경영진의 방침에 전 사원은 감격을 했고 일치단결, 재고품이 바닥이 나게끔 판매해 모두가 정상생활을 유지하게 됐다.

인재 발굴에 힘을 쏟고 일단 채용한 사원의 생활을 보장해주는 그의 자세는 그 이후에도 지속된다. 그 후 아이론(다리미)에 성공하고 라디오 제조도 온갖 실패를 내디디고 성공했다. 급기야 텔레비전 수상기의 제조판매로 성공의 급물살을 타게 됐다.

첫째 사람을 아끼고 모험적인 신제품을 개발하고 과감한 판매 전략으로 일관했던 것이다.

2차 대전 때엔 정부로부터 군용 선박과 비행기 제조를 떠맡겨 힘이 들었으나 1945년 종전을 맞이했다. 그러자 노동운동이 전국적으로 퍼져 '마쓰시다 산업노동조합'이 결성됐다. 이 대회에 축사를 하고자 노조원 일동의 연단 위에 올라서자 "나가라!"란 함성이 나오기도 했으나 "회사와 조합이 힘을 합쳐 일본 재건에 온 힘을 다해야 하지 않겠는가"란 요지의 연설을 하자 대대적인 박수를 받았다.

그러나 GHQ(연합국 사령부 행정처)는 재벌 지정으로 마쓰시다도 지목, 자산 동결과 공직추방령을 받게 되어 다시 꼼짝을 못하게 된다. 그러자 노동조합과 전국의 대리점이 GHQ에 대해 '마쓰시다 없이 마쓰시다 전기의 재건은 될 수가 없다'라고 강력한 탄원을 했다. 대개 노조는 경영자를 규탄하는데 그와 정반대의 현상이 일어나는 걸 보고 GHQ도 놀랬었다.

그래서 추방결정은 면하게 됐는데 경영은 여전히 어려운 상태였다.

그때(1950년)에 한국동란이 일어났다. 1951년엔 네덜란드의 필립사와도 제휴, 다시금 호경기로 돌아서자 'TV, 세탁기, 냉장고' 등 가전제품으로서의 세계적인 '내셔날 제품'으로 눈부신 발전을 했다. 1989년 4월 94세까지 장수를 했다.

"나는 항상 희망에 불타고 있었으므로 고생을 고생으로 생각지 않고 살아 왔다"라고 술회했다.

마쓰시다는 정규적인 학교교육은 못 받았으나 스스로의 체험을 살려서 배우고 반성을 해서 그것들을 모조리 살려낸 실로 입지적인 인물이라 할 수 있다. 어쩌면 그의 부인 말대로 "그는 결코 경영의 신이 아니고 자신의 일에 성심성의를 다한 사람일 뿐"이란 말이 맞는 말인지 모른다.

무일푼에서 다시 재기한
인스턴트 라면의 생부生父 안도安藤

한국서 6·25 동란이 일어나 일본日本 산업계가 이곳저곳, 활발하게 부흥하고 있을 때 50대를 바라보게 된 나이가 된 안도-모모후쿠安藤百福는 대로상에서 막막한 심정으로 번쩍이는 네온사인을 바라보고 있었다. 그 동안 메리야스 도매상으로 얼마간의 돈을 벌어 외제차車까지 몰고 다니다가 친지로부터 "제발 이름만 붙여주면 되니깐 우리 회사 이사장에 취임해 주십시오"란 간청에 못이겨 이사장 직함을 가진 걸로 낭패를 본 것이 조그마한 신용조합이었는데 이것이 파산하는 바람에 그 경영책임을 추궁당해 일체의 재산을 몽땅 뺏기고 무일푼이 됐던 것이다. 빈털터리가 됐으나 천만다행으로 살고 있는 집만은 무사했다.

'제2의 인생을 살아보자!' 속으로 되새기면서도 앞길은 막막하기만 했다. 여기서 안도는 "잃은 건 재산뿐이잖은가? 여지껏의 경험이 피와 살이 될 수 있지 않은가? 그렇게 생각하자 새로운 용기가 생겼다"라고 당시를 회상하고 있다. 문제는 '무엇을 하느냐?' 하는 것이다. 여기서 그는 종전 직후의 광경을 회상했다. 오사카 우메다大阪梅田에서 폭격으로 불타 버린 잔해 사이에서 사람들이 한 그릇의 라면을 먹고자 기다란 구렁이같이 줄을 서고 있던 것이 어제 일같이 머리에 떠올랐다.

여기서 그는 '사람은 우선 먹어야 하고 그 다음에 여러 가지를 할 수 있게 되지 않은가? 곧 식품食品사업이야말로 가치가 있는 일거리'란 생각이 든 것이다. 우선 그는 '국민 영양과학 연구소'를 차리고 환자용 영양제를 개발해 보았으나 상업성으로 연결이 되질 않아 회사는 개점휴업 상태가 되었다. 여기서 그는 '구루마꾼'이 파는 라면이나 가내家內공업적 라면이 아닌 즉석 라면, 즉 '인스턴트 라면을 만들면 어떨까?' 착안을 했다.

그의 친지들은 "안도가 새로운 라면을 만들고 있다니 그토록 몰락을 했구먼 그래?" 하면서 냉소를 했다. 그러나 주변의 눈은 의식하지 않고 자기 집 마당에다 작은 판잣집을 짓고 새 라면 개발에 몰두를 한다. 일단 면을 건조시켰다가 더운 물을 부어서 먹기 알맞게 회복시키는 게 그리 간단한 게 아니였다. 가지가지로 애를 쓰고 빚도 지면서 고군분투하기 1년이 지났다. 그런 어느 날 그의 부인이 부엌에서 튀김을 만들고 있는 걸 보다가 손뼉을 치며 튀어 올랐다.

'튀김을 튀길 때 재료에 옷을 입히고 기름에 넣으면 옷은 순간적으로 물을 뱉어 내는 바람에 구멍이 송송 나면서 바삭바삭해지는데 이걸 라면의 건조에 이용하면 되겠다'란 생각을 한 것이다.

이것을 '순간 유열油熱건조법'이란 이름을 붙여서 인스턴트 라면의 기본제조법으로 특허를 받았다. 이렇듯 대단한 사업의 기본은 하잘것 없는데서부터 힌트를 얻을 수도 있는 것이다.

그는 "이제 분명한 목표를 세웠으니 앞으론 내 집념뿐이다. 이렇게 반짝한 힌트도 집념이 있어야 결실을 맺게 된다"라고 다짐하며 온갖 열정을 퍼붓는다. 그 결과 뜨거운 물을 붓고 2분만 지나면 먹을 수 있는 '치킨 라면'이 탄생했다. '치킨 라면'을 만들고 나니 팔러 다니는 게 또 큰 문제였다. 라면 도매상마다 고개를 갸우뚱하며 한 두 개 견본만 받을 뿐 본격적으로 팔아 볼 생각들은 안 하는 것이었다.

"우동이면 1개에 6엔인데 이건 한 봉지에 35엔이나 하니 비쌀 뿐 아니라 열탕을 부어서 즉시로 먹다니 묘한 물건이구먼"이라고들 했던 것이다. 게다가 안도는 위탁판매가 아닌 즉시 현금지불 하기를 요구하니 이게 순조로울 수가 없다. 그러나 도매상의 태도와는 달리 실수요자, 즉 소비자가 달려들게 된다. 이걸 알고 도매상도 점차로 대량으로 주문을 하였으나 20명의 공장직원 수효로 하루에 6천 개를 생산하는 게 한계였다.

1년 후에 다카쓰기 시市에 본격적인 공장을 세우고 아침 5시부터 교대제로 양산을 하게 되었지만 그래도 주문에 맞출 수가 없었다.

2년째 들어서자 TV에 선전을 하자 그 인기는 전국적인 것으로 파급되었다.

여기에 편승해서 수백 개의 유사 상품이 시장에 깔림으로 해서 인스턴트 붐이 일어나기도 했다. 5년 후에는 도쿄東京과 오사카大阪의 증권취급소에 상장하게 된다. 그러나 여기서 안도는 라면의 대량생산에만 매달린 것은 아니다. 유사제품과의 극심한 경쟁을 하면서 신제품을 속속 만들어냈던 것이다. TV 선전에 막대한 선전 광고료를 투입함으로써 과다 경쟁 속에서도 꾸준히 사업이 신장됐던 것이다.

회사 이름도 라면을 넣지 않고 일청식품日淸食品이라 부르며 일본이 고도성장의 길로 들어서게 될 때에 여기에 편승하게 된다.

1971년엔 라면의 포장제가 곧 식기食器가 되게끔 고안해냈고 대량 운반시에 면이나 포장에 흠이 나는 것을 막기 위해 알맹이를 거꾸로 해서 용기를 씌우고 알맹이를 공간에 띄우는 방법으로 이 문제를 해결하기도 했다.

안도는 종전 이전에 일본이 통치하고 있던 대만의 대남시에서 태어났고 어려서 양부모를 여의고 섬유직물의 도매상을 경영하던 할아버지에 의해 자라났다.

한 때 도서관서 사서司書 생활도 하다가 섬유상사에서 일하기도 하고 환등기 제조, 숯 구워내기의 기업화, 항공기관의 부품 제조 등 여러 가지 아이디어를 살려보기도 했다. 그러다 종전을 맞게 되고 극심한 식량난으로 메이데이엔 '쌀을 달라'고 25만 명이 데모에 참가하는 등 한 그릇의 라면을 먹고자 장사진을 치고 기다리는 행렬을 보고 '모든 것은 먹는 것으로부터 시작되는 것이니 식품산업이야말로 인류사회의 우선적인 과제가 되고 또 공헌이 되는 분야'라고 확신을 가졌던 것이다.

"'일청식품日淸食品'의 창업 때는 48세 나이로 늦둥이 사업가가 되겠지만 만약 내가 60세였다고 해도 역시 새로운 출발을 했을 것"이라고 하고, "청춘이란 어느 일정기간을 말하는 게 아니고 마음가짐에 달린 것이다"라고 외국인의 말을 존중하면서 "인생에선 이미 늦었다는 일은 결코 있을 수 없다"라고 말하고 있다.

4계명

함께 승리할 것을 믿고 생각하자

'공공의 적'에서
'공공의 왕'으로

일본 국토는 활같이 가늘고 또 길게 휘어져 있다. 우마차에 의한 육로 수송보다는 선편 수송이 월등히 빠르고 능률적이다. 그것도 태평양 쪽은 파도가 심해서 배를 운항하기가 어려워 주로 파도가 잔잔한 동해 쪽 운항이 중심이 되었고 이 배를 '기다마에 부네北前船'라고 부른다. 즉 북해도 마쓰마에松前에서 미역과 생선 등을 만재하고 일본 서해 쪽 항구를 두루 거치면서 각 지방 특산물의 매매와 교환을 하면서 저 아래 구주九州까지 내려갔다가 돌아서 오사카大阪까지 왔다가 설탕·술·면류와 잡화 등을 잔뜩 싣고 다시 북해도 쪽으로 거슬러 올라갔던 것이다. 바로 이 교역으로 거부가 된 사람이 제니야 고헤에錢屋五兵衛(1773~1852)였다. 당시 전국에서 34지점에다가 양곡 1천 석을 실을 수 있는 대형선박 20척을 포함, 200척 이상의 수송선으로 쌀의 매매와 투매에 이르기까지 일본의 상권을 주무르는 큰손으로 성장하게 되었다.

　만년에 이르러서는 대망을 품고 기와기다가다何北潟에 대규모 간척사업을 벌였는데 이 사업에 어민들이 결사적으로 반대하고 나섰다. 일이 꼬이기 시작하려는지 간척지에서 대량의 생선들이 죽어 떠올라 어민들이 이것을 먹고 죽는 사고까지 일어났다. 나아가서는 이것을 먹은 어촌의 개와 고양이까지 토하고 설사를 하다가 죽어갔는데 "누군가가 간척지역에 독약을 푼 것 같다"는 소문이 나돌기 시작했다. 그 장본인이 제니야錢屋일 것이라는 소문이 퍼져나갔다. 이것을 이용한 그의 반대파들에

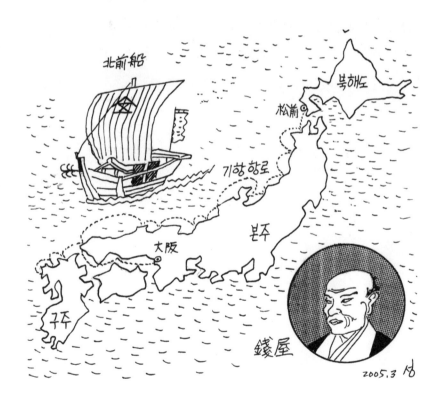

2005.3 섭

의해 진상규명과 처벌 차원에서 가가번加賀藩에 고소를 제기하기에 이르러 마침내 그는 관가에 잡혀갔었다. 간척에 의해 물이 부패해지고 결국 생선 떼에 독성이 퍼진 것으로 추측되지만 이 엉뚱한 일로 그는 조사를 받던 중 80세를 일기로 옥사獄死를 했다. 더욱이 전 재산의 몰수로 그의 가문 전체가 몰락하기에 이르렀다.

그러나 그가 별세한 후 그가 완성시키지 못했던 간척사업은 마에다번藩에 의해 지속되어 결국은 대성공을 거두어 수십만 명이나 되는 마을 주민들을 윤택하게 만들었다. 그는 재벌로 살아가다가 오명을 남기고 죽었지만 그의 사업은 공공의 이익에 크게 이바지하게 되었다. 그의 유물은 훗날 여러 재력가들에 의해 애장품과 기념품으로 관리되기에 이르렀고, 연고지에는 커다란 기념관이 세워짐으로써 그의 명성은 되살아났다.

천하天下의 난봉꾼이
가극단歌劇團, 영화사映畵社, 전철電鐵의
창업주가 된 고바야시小林一三

흔히 사람들은 방탕아라고 하면 인간人間 쓰레기로 결론지어버리고 운이 좋아야 유흥업소 주인으로 끝나는 걸로 비웃음의 대상이 되지만 전혀 차원이 다른 경우도 있다. 젊은 시절을 여인女人들의 허벅지를 베개 삼아 지내면서도 인간의 궁극적 목적目的이 무엇인가?를 알아차리고 그걸 사업으로 연결시킨 천재天才가 있다.

고바야시 이치조小林一三는 명치 6년(1873년) 정월 3일에 고오슈甲州 지방의 야마나시 현山梨縣의 작은 마을의 술과 비단의 도매상 집에서 태어났다. 1월 3일에 태어났다고 해서 이치로一三이라고 이름 지어졌다. 어머니는 고바야시小林가 태어난 지 8개월 만에 죽고 양자로 들어왔던 아버지는 인연을 끊고 자기 집으로 돌아가버렸다. 그러니 부모님의 사랑이나 가

정의 따뜻함을 모르고 자라났고 감수성이 깊어지면서 이성에 대한 애정의 싹이 일찍 싹틀 수밖에 없었다.

1888년 16세 때, 경응慶應의숙에 들어가 먼저 문재文才를 보여준다.

17세 때엔 짙은 연애소설을 써서 '야마나시山梨 일일신문'에 연재까지 했으니 놀랍다. 대학졸업 후 은행원이 되었으나 불량행원不良行員으로 낙인찍힌다. 그러나 여기서 그는 현실 세계에 눈을 떴다. 그러다 그의 천재성天才性을 일찍 발견한 미쓰이三井은행 오사카大阪지점장인 이와시다 세이슈岩下淸周는 그의 유일한 후원자요 지도자가 된다. 먼저 이와시다岩下는 새로 증권회사를 설립하고 고바야시小林는 이곳에 들어가 증권의 폭락과 파산하는 과정을 눈여겨보고 경제를 알게 된다. 방탕생활로 인생人

生을 알고 파산으로 경제를 깨달았던 것이다. 그는 이와시다岩下의 권유로 지방과 지방 사이의 사설철도의 설치에 손을 댔다. 먼저 이 철도회사의 자금은 자신의 출신지인 고오슈甲州출신 실업가들을 찾아다니며 출자出資를 권유해서 성공한다.

이 철도의 설립을 위해 당시로서는 획기적인 팸플릿에 의한 선전을 하면서 그 내용도 자신의 문재文才를 십분十分 발휘한다. '오사카大阪 시민의 위생상태에 관심이 있는 제군은 도회지 생활의 불안정성을 느낄 것이다. 따라서 때로는 전원田園취미에 눈을 돌리게 될 것이다. 교외생활의 가장 기본이 되는 것은 교통기관의 편리라 할 수 있다. 이 철도는 풍광風光 명미明媚한 시골연도 주변택지를 고르는 데 편리하고 또 나중에 빈번히 전철을 이용하게 됨으로써……'
라고 일반 서민이 마음속에 바라고 있는 것에 정곡을 찔려 끌어당기는 것이었다. 전원생활을 하기 위해 손쉬운 전철을 타고 거기에 딸린 테-마 파-크와 백화점으로 확장해갔다. 그의 전철은 항큐阪急라 이름 짓고 여기에 관련된 백화점도 항큐요 모든 레저 산업도 연관되게끔 만들었다. 그의 항큐阪急를 모방해서 도큐東急, 세이부西武, 토부東武로 사설철도私鐵은 전국에 퍼져나갔다. 뿐만 아니라 인간의 심층 심리는 무얼 바라는가에 착안, 일본 굴지의 영화사 토-호-(東寶……松竹 영화사와 쌍벽)를 설립했고 세계에 그 유례를 볼 수 없는 여성女性만의 레뷰-, 타카라스카寶塚 가극장을 만들어 서민들의 심층적 안식처로 만들었다.

미국의 플레이보-이의 창시자와 일맥상통하나 미국의 것은 잡지와 유흥업소로 그친 것에 비해 고바야시小林의 그것은 대기업가의 그것이며 새로운 자본주의의 확립으로 전 세계 기업의 눈길을 모으게 한 것이었다. 일본에서 경영의 신(神)으로 불리우고 있는 마쓰시다 코-노스케(松下幸之助⋯⋯. 마쓰시다 전기의 창업자)로 하여금 "나의 스승은 코바야시옹이였다"라고 술회하게 했다.

자유주의 경제의 화신(化神)이라 할 코바야시는 1957년에 스스로의 업적에 만족의 미소를 띄우며 조용히 눈을 감았다.

동경東京 대지진大地震 때
신발장수로 급성장急成長한
부리지스톤 창업자創業者

일본력 대정 12년(1923년) 9월 1일 오전 11시 58분 도쿄와 요코하마 시 일대는 마치 키질 할 때의 콩 껍질마냥 상하좌우로 흔들려 온 시내 건물이 가벼운 건 날아가고 무거운 건 주저앉아버리는 대지진이 일어났다. 이것을 일본에선 관동대진재關東大震災라고 부르며 잿더미로 변하는 불바다 속에서 시민들은 우왕좌왕했고 기차와 전차는 빈 채로 나뒹굴어졌으며 신문, 방송도 마비되었었다. 이성을 잃어버린 군중들 사이엔 어느새 중기세적 미신이 유언비어의 형상성으로 부활되어 한국인에 대한 대량 학살로 이어졌다. 한국인에 대한 일본인의 잠재의식으로 자신들이 정복한 민족으로부터의 보복에 대한 공포가 평형감각을 잃게 만들었던 것이다. 한국인들이 우물에다 독약을 풀고 다닌다는 것이 그 한 가지 예가 된다. 이러한 피해망상증이 가해의식의 발로로 이어져서 일본인 사회주의 자에 대한 국해國害 의식이 대두, 사회주의자들에 대한 군과 경찰에 의한 학살로 이어져갔다.

이 대지진에서 일본인 사망자는 약 10만 명, 가옥 완파 약 10만 호, 가옥 전소 약 40만 호, 부상자 약 10만 명, 행방불명 약 4만 명, 학살된 한국인 교포 약 6천 명이 된다. 일본 천왕은 칙령을 내려 제도帝都 부흥원을 만들어서 도로의 확장, 운하의 신설, 공원의 증설, 축항, 토지구획 정리 등 대도시 혁신계획을 세워 부흥사업에 온 국력을 동원했다. 빌딩 등 건물의 내진耐震건축법도 이때에 만들어졌고 1930년에 가서야 제도 복흥제帝都 復興祭가 열렸고 동경외곽 교외로의 대량인구 이동 등을 끝마칠 수 있었다.

약 7년간에 걸친 대역사大役事엔 연連 수백만 명이 직간접적으로 참여케 됐는데 이 공사장에 동원된 인부들과 감독들은 일본식 게다를 신을 수도 없고 구두를 신을 수도 없다. 여기에 딱 맞는 신발은 지까다비地下足袋일 수밖에 없었다. 두터운 천막 기지로 남성용 두발가락 양말을 만들되 바닥에 두터운 고무판을 댄 것이 일본에만 유행된 지까다비요 공사인부용工事人夫用 신발이 된다. 활동적이면서 저렴하니 그 수요량은 엄청날 수밖에 없다. 애초부터 간편한 인부용 지까다비가 통용되던 것을 1920년 이시바시 쇼오지로오(石橋正二郎: 1889~1976)가 더욱 견고하게 발바닥 부분에 고무판을 댄 것을 생산하기 시작했던 것이다. 판매 부진이 되어 더욱 내구성耐久性이 강한 다비로 이시바시石橋사장 스스로가 팔을 걷어 붙여 개량에 개량을 거듭해서 겨우 시민의 신용을 얻었을 때 바로 대지진이 일어났다. 바로 이러한 재난시대가 이시바시石橋를 대재벌로 변신

시켜 주었던 것이다.

　대도시의 건설, 토목 공사의 러시 속에 건설 노동자의 신발로 그 위력을 발휘키 시작, 증산에 증산을 거듭했고 판로 확장까지 곁들여 대공장을 건설, 그때까지 수공업手工業이던 공정을 벨트 컨베이어에 의한 반半기계화로 바꿈으로써 더욱 능률을 높여갔다.

　명치 22년(1889년) 4월 11일에 후쿠오카福岡에서 태어난 이시바시石橋는 17세 때부터 다비(실내용)제조 전문업으로 기업에 뛰어들었다. 그 선전술도 파격적으로 자동차를 쓰기도 했다.

　당시에 자동차라곤 동경에 300대, 대판에 18대밖에 없었고 큐슈九州엔 단 한 대도 없을 때였다. 동경에 올라갔다가 처음 자동차를 본 이시바시

石橋는 차에 홀딱 반해서 거금 2천 엔을 쏟아부어 사들여서 이 차에 조화造花를 둘러치고 플래카드를 달고 큐슈 일대를 돌아다녔던 것이다. 당시의 대졸 초임금이 월봉 40엔이였을 때니 2천 엔이면 거금이 아닐 수 없었다. 또 영화에도 눈을 돌려 최초의 PR 영화를 만들어 학교나, 절간을 돌며 순회공연을 하기도 했다.

대지진으로 공장이 확장되자 그는 전국에 대리점 시스템을 만들고 그때까지의 니혼다비日本足袋를 소화연대로 접어들면서 니혼고무로 바꿔서 전국에 대리점 6만 개 지점으로 확장했던 것이다.

1928년엔 고무구두 전문공장을 건설 학생들의 통학용과 체육용으로 보급시켜갔다. 1930년에 들어서자 일본 국내의 자동차 수는 5만 대에 이르렀는데 그때까지 타이어는 외국제를 쓰고 있었다.

여기서 다시 '장래는 국산 자동차시대가 올 것이고 그러면 자동차 1천만 시대가 올 것'이라 앞을 내다보고 타이어 사업으로 진출했다. 이시바시石橋는 영어로 발음하면 스톤부릿지가 되지만 그 어감이 아무래도 부릿지스톤이 좋을 것 같다 해서 부릿지스톤…… 즉 부리지스톤으로 세계화世界化를 목표로 해서 회사명도 바꿨다.

처음엔 불량품不良品 반환으로 되돌아온 타이어가 산山더미를 이루었으나 신용본위를 내세운 石橋는 무리를 해서 모조리 무료교환을 해버렸다. 점차로 대량생산의 궤도에 오르자 1개에 1백 엔 하던 타이어 가격을 40엔으로 파격적인 인하를 해서 세상을 놀라게 했다.

큐슈라는 일개 지방공장이 일본의 전국적 공장으로 되었고 본사本社도 동경으로 옮겼다. 제2차 세계대전 때는 인도네시아에 있던 미국 '굿이어'사社의 타이어공장을 접수한 일본군이 이시바시石橋에게 위탁 경영케 했다.

이때에도 이시바시石橋는 현지에 파견되는 사원들에게 "적은 강대국이므로 우리가 반드시 이긴다는 보장은 없다. 따라서 만약에 철수하게 된다면 그때 군軍이 어떤 명령을 내릴지도 모르지만(파괴해 버리라는 등) 제 군들은 이 공장의 설비를 완전히 정비된 상태로 원래 주인에게 돌려주는 것이 참된 일본정신이니 그렇게 이행하라"고 훈시를 했다.

일본패전 후에 다시 돌아온 미국 '굳이어'사社 회장會長은 깨끗이 돌려 받게 된 공장을 보고 감격했다. 패전 후의 부리지스톤도 대국적으론 손실이 많았지만 '굳이어'사社의 전폭적인 지원으로 가장 빠른 속도로 원상회복이 되어갔다. 이시바시石橋는 비록 학력은 모자랐으나 온전한 기업정신으로 대재벌로 성숙했고 또 문화文化사업에도 커다란 기여를 했다.

부리지스톤 빌딩 2층엔 부리지스톤 미술관이 설치되어 이시바시石橋가 모은 미술품을 널리 공개公開했다. 개인個人이 지니고만 있으면 문화文化의 사장死藏이 됨으로 공개함으로써 일본문화日本文化의 향상에 일익을 담당했던 것이다.

구루메久留米 대학, 이시바시石橋문화센터, 비엔날레展 일본관日本館, 동경국립 근대미술관 등, 헤아릴 수 없이 많은 건설과 기증을 했다.

'세상 사람들의 즐거움과 행복을 위하여'가 그의 좌우명이었고 이것은 언뜻 보기엔 너무나 평범平凡한 문구 같으나 이를 실행하기란 여간 어려운 것이 아니다. 그는 1976년 87세로 영면을 했다.

초등학교 2학년 중퇴하고
건설업계의 거성巨星이 된
오오바야시구미大林組 창업자

930년경 오사카大阪에 있는 육군 제4단 사령부 문밖에 사환(지금의 준 사원)들이 서너 명 모여서 잡담을 하고 있는데 어떤 50대의 신사가 자나가면서 그들에게 아주 정중하게 인사를 하고 지나갔다.

"저이는 누구지?" "전에도 인사를 받았는데, 아주 겸손한 사람이 아냐?"라고 말하고 있자 한 사람의 사환이 와서 "그 사람은 오오바야시구미 구미쵸(組長=社長)야, 기억해두어"라고 해서 깜짝들 놀랬다. 왜냐하면 당시에 오오바야시구미大林組는 이미 엄청난 건설업체로 알려져 있었기 때문이다. 거대 업체의 사장이라고 하면 대개는 거만하고 남들을 깔보는 경우가 많건만 오오바야시 요시고로大林芳五郎는 지극히 겸손한 사람이었다. 오오바야시大林는 남에게 말하기를…… "사람은 지위가 높은 사람에겐 자연히 머리를 숙이게 되고 지위가 낮은 사람에겐 머리가 숙여지지 않는다. 그러나 낮은 사람에 대해 되도록 머리를 숙이면 그 사람은 예상 이상으로 만족을 한다. 원래 청부업자란 직분은 상대방을 만족케 하는 것이어야 하므로 머리를 숙여서 상대를 만족케 하는 것이 직분의 하나로 염두에 두지 않으면 안 된다"라는 생활신조를 지니고 있었다.

오오바야시大林는 1864년에 오사카大阪에서 건어물상 오오도쿠大德 집 안에서 태어났다. 1873년 아버지 두쿠시치大德가 죽자 어머니 미키美喜는 경영 미숙으로 1년도 못가 점포는 남의 손에 넘어가고 오오바야시大林는 초등학교를 2학년에서 그만두고 대형 옷가게 사환으로 일하게 된다.

16세에 옷가게 지배인이 됐는데 상당히 머리가 영리했기 때문이었던 것 같다. 옷가게 주인은 "우리집 양자養子가 되어달라"고 부탁을 했으나 그는 이미 '토목건축 청부업'의 길로 들어설 것을 결심했기 때문에 이를 거절한다.

이런 희망사항은 대개 현장에서 일하던 노동자들이 갖는 꿈이었는데 오오바야시大林는 그 때부터 53세 작고할 때까지 불과 33년 동안에 일본 굴지의 건설업체 '오오바야시구미大林組'의 기초를 다져 놓았던 것이다. 처음엔 동경東京에 있던 청부업자 스나사키砂琦 밑에 들어가 일을 익혔다. 스나사키砂琦는 주로 황실 관계 공사를 맡아 일을 해오다가 철도공사일도 맡아 했었다. 여기에 들어가서 3일째가 되자 금세 노동관리 책임자 일을 맡게 된다.

그는 여기서 '재료의 엄선'과 '시공의 철저'를 배웠다. 철도건설사업 연구서적인 '일본 철도 청부업사史'에선 "약관 21세의 오오바야시大林는 두뇌가 명석해서 하나를 들으면 열 가지를 알게 되는 자로 불과 몇 달 만에 측량, 성토, 운반, 흙을 다지기 등, 요령을 터득했었다"라고 기록하고 "토목공사의 지휘 독려에 상당한 재치가 있었다"라고 쓰여 있다.

그가 공사판에서의 능력과 신용이 있음을 안 다른 건설업체에선 군軍부대 건축공사에 그를 빌려줄 수 없느냐고 부탁이 들어오기도 했다.

동경東京에 온 지 4년 후 오오바야시大林는 다시 오사카大阪로 돌아가게 된다. 스나사키砂琦가 그를 대판철도 회사의 공사현장 감독으로 임명했기 때문이다.

여기서 그는 오사카大阪에서의 폭력조직의 두목들과의 사이에 친분이 생겼다. 상당수의 거친 일꾼들을 다룰 때 그러한 두목과도 친분이 있다는 사실이 은연중에 도움이 되기도 했다.

어떤 기업가는 그를 가르켜 "아름다운 협객의 성격을 지닌 사람"이라고 평가하고 있다.

오사카大阪엔 오오미조구미大溝組 등 10여 개의 청부업자들이 경쟁을 벌이고 있는 가운데에 끼어들게 된다.

이때에 미스사와신타로水澤新太郎란 청부업자는 자신은 광산업에 몸을 담고자 그 때까지 지니고 있던 일체의 건설청부업을 그에게 양보해버린다. 이것이 그에게 일생일대一生一代의 행운이 된다.

아베제지阿部製紙 공장건축공사를 맡는 일을 필두로 아사히 방직朝日紡織 공장을 수주했다. 이때 발주자가 준공일 엄수를 내세우자 오오바야시大林는 "만약 지정기일에서 늦어질 경우 하루 1천 엔의 위약금을 내겠다"고 단언을 했다. 아사히 방직 사장은 "좋소, 그 대신 준공예정일보다 빨

리 됐을 때엔 하루에 2천 엔씩 상금을 드리겠소"라고 언약을 했다. 그런데 실제 공사는 예정일보다 3일 전에 준공이 되었다.

그래서 회사는 오오바야시大林에게 6천 엔을 상금으로 지불했다. 지금의 1억 원 상당의 가치를 지닌 금액이었다.

그러나 그 돈을 자신의 주머니 속에 넣지 않고 공장의 신축 축하 비용으로 도로 내놓았다. 공사 기일을 맞춘 것이라던가 의리가 있고 겸손하다는 신용이 생겨서 속속 대형 공사를 맡게 됐다.

그의 신조는 '시공입념施工入念', '책임완수', '기한엄수', '염가인수', '성실근무'의 다섯 가지였다.

이러한 신용과 신념은 관서지방에서 비롯해서 한국, 만주(중국 동북부) 대만으로까지 건축, 철도, 축항으로 늘어갔다.

오오바야시구미大林組가 맡은 공사로 역사에 남을 만한 것으론 오사카
大阪축항공사, 제5회 국내권업 박람회공사, 동경 중앙역사(현재의 동경역東
京驛) 등 국가적 공사가 있다. 특히 이름도 알려지지 않았던 관서지방의 1
개 건설 및 청부업자가 동경역 공사를 맡는 데 대해 전국의 건설업계는
놀래었다.

1904년엔 대대적인 군軍관계 공사를 맡기도 했다. 1909년 오오바야시
구미大林組는 개인 기업에서 합자회사로 개편된다. 1916년 1월 24일 53
세의 젊은 나이로 작고했고 그의 사후에 오오바야시구미大林組는 한두 번
위기에 직면했지만 그가 그동안 육성한 인재들과 생전에 친교를 맺어왔
던 관서지방 재계인사들이 아낌없는 지원을 해 주어서 그 후에도 계속
발전을 해올 수 있었다. 그에겐 남다른 재질이 있었지만 그에 못지않게
인간적인 매력도 지닌 그런 사람이었다. 능력과 재력이 있으면서도 겸
손하기가 어찌 그리 쉬운 일일까?

일자一字 무식에서 광산왕이 된
후루가와 이치베古河市兵衛

'툭!' 소리와 함께 두부 행상을 하던 소년은 가마꾼과 부닥쳐 땅바닥에 두부 조각과 함께 나둥그러졌다. 아홉 살 소년은 가마꾼에게 두부 값을 변상해달라고 항의했으나 험상궂은 인상만 짓고 가마꾼은 가마를 메고 멀리 사라져 버렸다. 소년은 "이렇게 남에게 천대를 받는 것은 내 신분이 천해서 그런 것이니 앞으로 세상에 나가 훌륭한 인물이 되고야 말겠다." 마음속으로 굳게 다짐을 한 것은 후루가와古河 소년의 어릴 적 한 때의 모습이었다.

1832년 교토京都 오카자키무라岡﨑村의 양조장의 둘째 아들로 태어났다. 그러나 어렸을 때 집안이 기울어지고 두부 팔이로 전락을 했다. 6세 때 어머니를 여의고 계모 밑에서 갖은 냉대를 받는다. 이것을 보다 못한 할머니의 배려로 봉제사 집에 사동으로 들어갔다.

그러나 여기서도 혹사를 당해 1년 반 만에 집에 돌아와버린다. 할머니는 할 수 없이 절간에 들어갈 것을 권했으나 "난 어떻게 해서든 상인이 될 것"이라고 마음먹고 두부 행상을 하다 가마꾼과 부닥친 일이 벌어졌던 것이다. 10세 때 계모도 작고하고 세 번째 계모를 맞게 된다.

다시금 천대에 부닥치며 17세 때 죽은 어머니의 오빠가 지배인으로 일하는 모리오카盛岡로 가 큰아버지의 돈놀이를 도와주게 된다.

1858년에 큰아버지의 권고로 후루카와타로 자에몽古河太朗左衛門의 양자로 들어가 후루가와古河라 부르게 됐다.

1862년 30세가 되자 양아버지의 뒤를 이어 생사生絲 도매상의 일을 맡게 된다.

당시, 일부의 혁신파 무사들은 생사 상인을 간적奸賊으로 간주하고 있어 위험한 장사였으나 양아버지의 기대에 크게 부응해 생사업체를 크게 발전시켰다.

명치유신이 되자 그가 일을 하던 오노쿠미小野組는 오카타 헤이죠岡田平藏를 통해 광산업 경영에 경험을 쌓게 되었고 오카타가 죽자 그가 경영하던 13광산의 광업 경영에 참여하게 된다. 정부 관계의 금융지원으로 생사와 광산, 등에 널리 투자를 하자 명치 신정부는 대장성(지금의 재무부)을 통해 정부지원 자금에 해당하는 금액의 담보제출을 요구해왔다. 오노쿠미에 거액을 대출해주던 제1국립은행의 담보조회에 대해 후루가와古河는 은행 총재인 시부사와 에이이치澁澤榮一에게 성실하게 자신의 자산을 제공했고 나머지 빚진 금액은 성실하게 갚을 것을 맹세했다. "저는 오노쿠미小野組의 뒤처리가 끝날 때까지 저 자신에 대해서 아무것도 생각지

않기로 결심했습니다"란 성의 있는 말에 총재는 감명을 받았고 후루가
와^{古河}에 대해 호의와 신뢰를 갖게 되었다.

　이때부터 총재는 후루가와^{古河}의 재기를 성의껏 도와주게 된다. 또 유
신의 공신 무쓰무네미쓰^{陸奧宗光}의 절대적인 신임을 받아 무쓰의 둘째 아
들을 자신의 양자로 삼게 된다.

　그러나 오노쿠미^{小野組}가 폐점 결정을 내리자 자신의 재산 1만 5천 엔
은 정부에 몰수를 당해 무일푼의 신세가 된다. 후루가와^{古河}가 43세 때의
일이다.

　그는 배운 게 없어 무식한 데다 산술에도 능하질 않아 아무도 고용해
주는 데가 없었다.

　결국 자기가 독립하는 길 이외에는 다른 방도가 없었다.

그는 정부에 몰수당한 광산을 오노쿠미^{小野組}의 채권자에게 지불해서 도로 받아내고 재기를 꾀한다. 먼저 1875년 쿠사쿠라^{草創} 동산^{銅山}의 불하를 지방정부에 간청을 하고 제1국립은행으로부터 1만 엔의 융자를 받아내 단독으로 동 광산의 개발에 필사적으로 달려들었다. 이것이 발전 궤도에 오르자 1877년 아시오^{足尾} 광산을 불하 받아 그동안 폐광으로 알려져 있던 광산을 사들이게 된다.

광산업계 사람들은 "어째서 저런 폐광을 사들였을까? 망할게 뻔한데……"라고 냉소로 바라보았으나 그는 남들의 평가에 아무런 대꾸도 없이 묵묵히 작업을 진행했고 당시의 동산광부들은 과거의 인습으로 '형님', '동생', '의형제'의 인연이 없다고 반항적으로 나왔는데 여기엔 자신의 조카 키무라^{木村}를 광부 감독으로 임명, 일을 진행시켜나갔다.

1881년엔 타카노스(응^鷹의) 광맥이 발견되어 산출량은 두 배로 늘어나 자금이 생기자 용동소^{溶銅所}를 건설했고 그는 계속해서 인나이^{院內} 광산 등을 계속 불하받는다. 광산용 기계와 기술자와 광부를 속속 배치했고 곡괭이질을 삭암기^{削岩機}로 바꾸고 배수^{排水} 펌프를 설치해서 능률을 몇 배로 끌어올렸다. 아시오^{足尾}광산 생산량은 3,738톤으로 늘어나 해외에까지 알려져 급기야 영국의 '쟈·딘, 마지슨' 상회와 139천 톤의 수출계약가지 체결케 됐다.

1893년엔 일본의 동 생산량의 삼분의 일을 산출케 된다.

그러나 호사다마^{好事多魔}라고 1890년대 홍수가 일어나 근처의 제방이 부서지고 광산 안에 물이 흘러 들어왔고 이듬해의 농사의 흉작^{凶作}은 광독에 의한 것이라고 유지 2천 명이 광산의 조업중지를 정부에 청원을 했고 극회에서는 탄핵을 함으로써 최대의 위기를 맞는다. 광독鑛毒 문제가 크게 문제시되어 후루가와古河는 위궤양이 생겨 1903년에 71세로 작고 했다. 그러다 1905년엔 '후루가와古河 광업회사'가 설립되어 기업 형태로 탈바꿈했고 1910년에 강물의 제방공사에 착수해서 1925년에 치수공사가 완성되어 겨우 해결이 된다. 제방공사 문제는 일단 해결이 되었다. 그 후 비약적 발전을 했으나 1차 세계대전 후에는 경영 다각화多角化를 추진하지 못함으로써 대재벌화가 되지는 못했으나 광산업 전체에 미친 영향은 실로 큰 것이었다.

제1국립은행장 시브사와는 그에 대해 이렇게 말하고 있다.

"그는 학문學文이 없는 사람으로 신문도 잘 보지를 못했고 법률문제가 있으면 국가의 법률과 현縣(도道)의 명령을 혼돈하는 등 부조리한 점이 많은 사람이었으나 광산에 대해서만은 천재적으로 기억이 좋았다." 그리고 또 이렇게 말하고 있다. "후루가와古河는 사람은 운運, 둔鈍, 근根의 세 가지가 필요하다고 말해왔는데 내 평생平生에 무학 성공한 사람은 딱 세 사람을 보아왔고 그 중 후루가와古河만큼 철저한 무학자이면서도 비범한 재능을 지닌 사람은 여지껏 본 적이 없다"라고 했다.

日本巷間奇談

고바우
김성환 화백의
일본 거상기담

5계명

내가 먼저 마음으로 이해하고
상대방을 이해시켜라

악운이 행운으로 뒤바뀐
일본사케 日本酒 의 왕

일본에서는 전국시대 말경 이미 초보적인 청주의 양주방법이 있었다. 그러나 흔히 코오노이케 신로쿠 鴻池新六 가 청주 양조의 원조 元祖 로 알려져 있다. 어느 날 이 집 양조장에서 일하던 일꾼 한 사람이 야단을 맞고 쫓 겨나게 되고 말았다. 그러자 일꾼은 홧김에 앙심을 품고 밤중에 몰래 양 조장 술통에다 대량의 재를 쏟아 붓고 도망을 쳤다. 술을 못 쓰게 만들어 버리고자 한 것이다.

그런데 다음날 아침, 주인이 술통 속을 들여다보니 이제까지 탁했던 술이 아주 해말간 술로 바뀌어져 있어 깜짝 놀랐다. 그 원인을 조사해본 결과 일꾼이 쏟아 부은 재 때문이란 것을 알게 되어 두 번째로 놀랐고, 여 기서 다시 연구를 거듭해서 결국은 획기적인 양질의 청주, 즉 일본사케 日 本酒 를 생산케 되었다는 것이다.

신로쿠는 원래 전통이 있는 사무라이武士 집안에서 태어났는데 숙부에 의해 코오노이케촌鴻池村에서 자랐다. 그래서 자신의 성姓을 이 마을 이름을 따서 부르게 된 것이다. 신로쿠는 결국 오사카大阪에서 청주 양조로 대성공을 거두었고 사업이 번창하자 에도(江戸: 현재의 東京)로 술을 대량으로 보내야 했는데 달구지로 운반하는 것으로는 손과 시간이 달려 해상수송으로 바꾸게 되자 자연히 해운업에 손을 대게 되었고 나아가서는 전국의 다이묘(大名: 城主)에게도 돈을 꿔주게 되는 등 금융업에도 진출하게 되었다. 서기 1620년경 그가 움직이는 수송선만 100척이 넘었다고 하나, 청

주 생산량이 연간 10만 석을 돌파했으니 본업은 역시 일본사케의 양조 사업이라고 볼 수 있다.

고약한 일꾼에 의해 사업이 망한 것이 아니라 오히려 행운을 잡았으니 천운天運이 따른 사람이라고 부를 수 있다. 모든 분야에서의 성공여부는 천부적인 재능과 끊임없는 노력이 필요하겠지만 거기에 운까지 보태어 져야만 운수대통한 사람이라고 말할 수 있을 것이다. 그는 1570년 효고 현兵庫縣에서 태어나 1650년에 작고했는데, 그 당시 80세까지 살았으니 천수天壽까지 누린 사람이었다.

군수산업 왕
오오쿠라 大倉

오오쿠라 키하치로오(大倉 喜八朗: 1837~1928)는 비교적 부유한 호농의 집안에서 태어나 유학자의 서당에 다니며 사서오경四書五經을 배우기도 했다. 그러다가 에도(江戶: 지금의 東京)에 갔을 때 같은 서당에 다니던 친구의 부친이 엉뚱한 처벌을 받는 걸 보고 크게 충격을 받았다. 하루는 그 부친이 번(藩: 지방정부)의 중역급 사무라이를 길에서 만났는데 비가 내려 길이 진창이 되어 있었다. 그래서 게다(나막신)를 신은 채 꿇어 앉아 절을 했다. 의당 백성이 고관사족을 만나면 게다를 벗어야 하는데 그걸 안 벗었다는 불경죄에 걸려 폐문근신(閉門勤愼: 일정기간 나들이를 못하는 벌)을 받았던 것이다.

일단 누님인 사다코貞子가 준 20량을 지니고 1854년 가을에 에도에 올라가 오오쿠라야大倉屋란 건재상을 개업했다. 그 당시 계속되는 정변으로 영국과 프랑스 함대가 시모노세키下關를 포격하는 사건이 있었고 요코하마橫浜에선 외국상사들이 대량의 무기를 들여와 번蕃의 군대 및 막부의 군대와 거래를 하는 걸 보고 "장사라면 바로 이것이다"라고 결심하고 건재상을 닫고 총포무기상을 개업했다. 공공연하게 무기를 점포에 내놓을 수가 없어서 겉으론 나팔과 북 같은 것을 늘어놓고 뒷거래로 무기를 팔았다. 소총을 사겠다는 주문이 오면 요코하마까지 가마를 타고 가 밤중에 실어 나르곤 했다. 강도에 대비 권총까지 차고 결사적인 장사를 시작했던 것이다.

막부가 망해가는 와중이어서 마지막 막부의 잔여 부대에 잡혀가 죽기 일보 전까지 가기도 했다. "관군에게만 팔고 막부군에겐 왜 안 파느냐?"

는 것이었다. 이때 오오쿠라는 "관군은 대금을 빨리 지불하는데 막부군은 돈을 내지 않기 때문이오, 상인에겐 현금이 생명이니 돈만 주면 당장에 무기를 장만해오겠소"라고 말해서 겨우 풀려나기도 했다. 얼마 후에 막부군이 북해도로 쫓겨가 마지막 저항을 하게 되자 관군 측인 쓰가루번津輕 藩에게 외상으로 최신 소총 1천 500정을 실어다 주기도 했다.

명치정부가 들어서서 오오쿠라구미大倉組란 상사를 설립하자 쓰가루번은 일금 5만 량을 선뜻 내놓고 대주주가 돼주었다. 1870년엔 오오쿠라는 통역 1명을 데리고 미국과 영국을 1년 가까이 떠돌아다니면서 영국에 체류 중인 정부고관 오오쿠보토시미치大久保利通 등과 교우를 맺고 런던에 지점을 내기도 했다. 일본 무역상으로 해외 지점 1호를 낸 것은 이것이 처음이었다.

그 당시 번 돈으로 오오쿠라는 동경 은좌銀座 대로에 가스등燈을 세우기도 했다. 이것으로 조촐하나마 동경 시민들의 찬사를 받기도 했다.

이어서 대만전쟁(1874)·서남전쟁(일본 국내 내전)·청일전쟁·러일전쟁(1905)으로 이어지면서 군수물자 수송을 맡는 등 위험한 사업을 이어갔다. 더럽거나 위험한 사업일수록 떼 돈을 벌 수 있다는 표본적인 인물이 되었던 것이다. 그 후 동경전기(현 동경전력)를 설립했고 제국호텔과 삿뽀로맥주회사를 설립, 대정大正 연도에 들어서서 중국(당시는 淸國)과 공동으로 탄광·철광·제재·피혁·제지·발전소를 꾸몄고 손문孫文의 혁명정부에 300만 원의 차관을 내주기도 했었다. 또 한편으로는 오오쿠라상업학교(현재의 동경경제대학)와 오사카에 상업학교, 한국에도 선린상업학교를 설립하기도 했다.

1928년 91세까지 장수를 했는데 제2차 세계대전의 패전으로 중국 등 외국에 투자했던 그의 자산은 거의 상실했다. 그러나 대담한 구상을 사업으로 현실화시킨 일본 재계의 거목임을 그 아무도 부인할 사람이 없을 것이다.

소총총신을 자전거로 둔갑시킨
마쓰다^{松田} 자동차 창업자

마쓰다 쥬우지로^{松田重次郎}는 명치 8년(1875년) 무까이나다^{向洋}에서 열두 명의 형제자매 중 막내로 태어났다. 그가 3세 때 아버지를 콜레라로 여의게 되자 형님이 사시는 쓰시마^{對馬}에 건너가 아버지의 친구 집에서 사환 같은 생활을 하다가 다시 아버지의 친구가 작고해서 고향으로 돌아왔다. 이러니 학교교육을 받을 기회도 없이 13세 때 오사카^{大阪}로 큰 뜻^{大志}을 품고 옮겨가 대장간에서 수습공으로 일을 해 나갔다. 그런데 기계를 만지는 데는 천부적인 소질을 지니고 있어서 18세 때엔 대장장이와 기계공으론 거의 천재 소리를 듣게 되었다.

거기서 히로시마로 옮겨가 해군의 공작창 조선부^{造船部}에 기능공으로 일을 하다가 오사카의 포병 공작창으로 다시 옮겨가 능력을 발휘한다. 여기서 기능공의 우두머리인 히가사야^{東屋}가 그의 능력에 반해버려 그

의 딸과 결혼을 시켜 데릴사위로 삼아버렸다. 이리하여 오사카에서 '東屋鐵
工所'를 차린다. 그러나 기술은 있으되 경영능력이 없어서 금세 도산해버린
다. 1896년 마쓰다는 나가사키長崎로 가 미쓰비시조선소에 들어갔고 다
시 오사카로 돌아와 '마쓰다松田제작소'를 설립한 것이 러일전쟁이 끝난
31세 때의 일이다.

　전쟁경기로 반짝하던 제작소는 전쟁이 끝나자 금세 적자투성이의 구
렁텅이에 빠진다. 여기서 그는 기계기술을 십분 발휘해서 '마쓰다식松田
式 펌프'를 제조해내고 전매특허를 따냈다. 자본을 댄 자와 합자회사(松田
式 펌프)를 설립, 운영이 본 궤도에 오르게 되자 자본을 대던 자의 배신으
로 그곳을 뛰쳐나와 독자적으로 '松田제작소'를 설립, 운영을 해왔다. 이

때에 오사카 천왕사天王寺의 유원지 '신세계新世界'에서 인공폭포를 만드는데 주문을 받아 대형펌프를 만들어내 성공을 하자 해군으로부터 연습용어뢰魚雷의 머릿부분의 생산을 의뢰받은 데다 러시아로부터도 포탄용 신관信管 400만 개를 발주 받게 되었다. 여기서 회사명을 '일본병기兵器 제조주식회사'로 바꾸고 본격적인 무기제조업자로 나서서 상당한 재력을 쌓게 되었다.

그후 '주식회사 松田제작소' '주식회사 히로시마廣島제작소'로 이름을 바꾸었다가 1년 후인 1920년엔 히로시마시에 설립된 '동양콜크공업주식회사'를 맡으면서 '중국전력'의 경영주 노구치 시다가우野□尊와 절친해져서 원조도 받고 경영의 기술도 전수받는다. 그러다 대정 14년(1925년) 연말 콜크공장은 대 화재를 만나 잿더미로 변했다.

절망한 마쓰다는 브라질 이민을 가기로 결심을 했는데 노구치는 그의 재능을 아껴서 일본에서의 재기를 촉구했다. 이때부터 마쓰다는 엔진기계 쪽으로 방향을 돌린다. 마쓰다는 새 회사명을 '동양공업주식회사'로 바꾸고 목표를 자동차로 두되 먼저 삼륜三輪 트럭을 연구하는 한편 이륜二輪부터 착수, 1930년엔 이륜차(오토바이) 30대를 만들어서 히로시마의 오토레이스에 참가시켜 영국의 명차 '아리엘'을 제치고 당당하게 우승, 그 성능을 인정받고 삼륜트럭의 본격 제조에 착수, 그 이름도 마쓰다松田로 결정했다.

항상 여유가 있을 때마다 외제 신차를 구입, 그 성능과 기계구조를 연구해오던 마쓰다는 자기 손으로 세계의 마쓰다 차를 만들고자 하는 게 꿈이었고 또 실현시켰다. 이른바 중국 침략을 개시한 군軍의 특수로 삼

류트럭이 급신장, 소화 12년(1937년)엔 8천 208대까지 생산케 되었다. 1940년엔 닷토산 차(타사제작)에 이어 마쓰다 4륜차가 생산되었다. 그러자 군은 이보다 급한 소총과 기관총의 대량생산을 주문해옴으로써 종업원이 8천500명을 웃돌게 되었다. 1945년 8월 6일 히로시마엔 원자폭탄이 투하되었는데 바로 그날이 마쓰다의 만 70세 생일이기도 했다.

이때에 '동양공업'에선 종업원 중 73명이 즉사했고 마쓰다도 구사일생을 했다. 공장은 폭탄투하 지점으로부터 5km나 떨어져 있어서 큰 피해는 면할 수 있었다. 종전 후 마쓰다는 거의 폐기될 뻔한 엄청난 분량의 소총小銃 포신용 파이프를 이용해서 자전거를 제조, 판매함으로써 이것이 히트, 기초를 닦아서 다시 트럭제조로 돌입함으로써 삼륜트럭계의 톱이 되었고 1950년 한국동란이 일어나 마쓰다트럭은 폭발적 생산을 했고 '동양공업'은 장남과 손자에 의해 급상장함으로써 세계적인 다종류의 엔진개발 자동차 회사가 되었다. 마쓰다 노인은 1952년 3월 히로시마 자택에서 77세로 눈을 감았고 그의 유해는 마쓰다본사와 공장이 내려다보이는 언덕 위에 안장되었다.

13세 소년 뱃사공으로
산요三洋 가전을 세운
이우에井植

"거기서는 학식이나 재산은 필요가 없고 오로지 강인한 체력과 침착한 판단력과 용기만이 필요했다"라고 자신의 소년 뱃사공 시절을 회고한 것은 세계의 산요三洋 전기회사의 창업주 이우에 도시오井植歲男의 글에 나타났다. 노를 젓는 사공은 아니었지만 선장을 포함해 전부가 네 명밖에 안 되는 소형 선박 시대는 이우에井植의 극한에 가까운 경험의 시대요, 어떤 고통도 참으면 극복할 수 있다는 불굴의 정신을 키워주는 시기가 된다.

그런데 뱃사람 시대는 얼마 후 마무리될 수밖에 없었다. 창고에 불이 나서 이우에井植가 타는 배도 불이 붙어 못 쓰게 됐기 때문이다. 그 이듬해 이우에井植의 누님의 남편이 되는 마쓰시다松下 전기의 창업주 마쓰시

다松下가 1917년에 오사카大阪에서 독립을 하고 "내 회사에 와 일을 해보지 않겠느냐?"란 권고를 했다. 여기에 들어와 그의 세일즈 토크의 설득력을 인정받게 된다.

어느 가전제품 도매상에서 손님에게 상품설명을 하고 있는 이우에井植의 말솜씨를 옆에서 듣고 있던 주인이 점원 전체를 모이게 하고 모두 앞에서 제품설명을 한 번 더 해보라고 했다. 이우에井植가 몇 분간의 설명을 끝내자 주인은 "너희들도 이 사람에게 배워야 한다. 정말로 죽여주는 화법話法이 아니냐?"라고 했다. 그가 17세 때의 일이지만 '최강의 세일즈맨'이 될 수 있는 소지를 예감케 하는 에피소드가 되었다.

1935년 마쓰시다松下 전기가 주식회사가 되자 이우에井植는 32세의 나이로 전무가 됐다. 여기서 건전지의 매상을 부쩍 늘렸을 뿐 아니라 마쓰시다松下 라디오의 생산 대수를 일본 최고로 늘리기도 했다.

그 후 태평양 전쟁이 일어나자 그는 선박 부족으로 메꿀 수 있는 군수산업에 손을 댄다. 여기서 200톤 이상의 목조선을 건조하는 마쓰시다조선松下造船을 설립했고 바닷가를 향해 레일을 깔고 그 위에서 배를 만들어 그길로 진수進水케 했다. 약 100척을 건조했을 때 종전이 된다.

그러자 연합군 총사령부 GHQ에 의해 재벌로 지정되어 마쓰시다松下와 이우에井植는 책임을 지고 공직추방령을 받게 된다.

이우에井植에게는 당시의 빚진 돈 350만 엔이 남아 있게 된다. 이 때문에 허탈해 있는 그에게 스미토모住右 은행 섭외 담당 스스키 다카시鈴木剛로부터 "50만 엔을 빌려줄 테니 뭔가 일을 해보라"라는 제의를 받았다. 그의 사업능력을 높이 평가했기 때문이다.

1947년 1월 이 돈으로 '산요三洋 전기 제작소'를 설립했고 '산요三洋'란 태평양, 대서양, 인도양을 혼합한 명칭으로 세계를 상대로 사업을 벌리자는 의미가 된다.

그러나 앞길은 험난하기만 했다. 빚진 돈을 갚기 위해 다시 빚을 지는 마이너스로부터의 스타트였기 때문이다. 이때에 잘 나가던 마쓰시다松下는 이우에井植의 발전을 위해 자전거 용用 라이트(발전용 램프)의 제조권을 양보했다. 이것을 생산키 위해 효고현兵庫縣에 공장을 세웠고 벨트콘베아를 도입해서 능률을 올렸다. 여기서 미 군용軍用 전기스탠드, 민수용 라이트 등 공장을 증설해서 잘 나가는 도중, 제품에 결함이 발견된다. 이 것을 전량 회수해서 바꿔주기 약 1만 개에 달한다. 게다가 모리구치守口 공장이 누전에 의해 불이 나서 전소돼 버렸고 빈 터에 숯덩이만 남게 된다. 이런 터전에서 어머니가 달려와 "토시오, 깨끗하게 타버렸구나. 그러나 낙망할 건 없지. 인생을 불타고 난 후 뚱뚱해진다는 말이 있지 않느냐? 한 번 더 분발해라"라고 격려해 주었다.

여기서 용기를 내서 다시금 공장 재건을 했고 1949년엔 산요三洋램프는 국내 시장의 60프로를 점거하는 압도적 매상을 올렸고 GHQ로부터는 '무역 적격품'이란 공식 인정까지 받아냈다. 이때부터 발전램프의 수출은 성공의 가도를 달리게 된다. 먼저 동남아시아 시장을 발판으로 세계시장으로 뻗어 나가기 시작했다. 이즈음 1950년에 한국동란이 일어나자 캐나다에선 발전램프에 중요한 자재가 되는 닉켈의 수출을 전면 정지시키게 된다. 이 닉켈이 없으면 발전램프는 만들 수가 없게 된다. 닉켈은 중요 군수 자재가 되기 때문에 수출을 금지한 것이었다.

여기서 닉켈수출 금지조치의 완화를 얻어내기 위해 통산성通商省과 미국 정부에까지 뛰어다니며 운동을 했고 닉켈의 원석原石을 수입해서 국내서 제련을 하는 필요성까지 설득을 했다.

여기서 정부는 닉켈 원석 수입에 필요한 외화를 배정 받게 되었고 '닉켈 제련조성법'까지 성립이 된다. 여기서 생각하게 된 것은 발전램프에만 매달려 있다간 언제 또 무슨 문제가 생길지 모른다는 점을 감안하여 제조상품의 다각도 생산을 모색하게 된다. 먼저 라디오의 제조였다.

여기껏은 목재木材였던 것을 플라스틱으로 만듦으로 해서 가격을 부쩍 싸게 했다. 다음으로 전기세탁기, TV, 냉장고로 사업을 늘려나갔고 사장 스스로 제품의 선전을 위해 육탄으로 돌진을 해 나갔다.

1969년에 66세로 생生을 마감할 때까지 그의 인생은 기업가로서의 불굴의 의지로 난관을 극복해나갔다. 그의 자서전 '제로에서 출발한다'에서 다음과 같이 쓰고 있다. "나는 언제나 제로나 마이너스로부터 출발해서 새것을 만드는 입장에 놓여 있게 됐었다. 그래서 조그마한 난관에 부닥쳐도 허물어지지 않았다. 언제나 제로란 생각을 갖고 있었기 때문이다. 즉 나는 무無인 것이다. 즉 벌거벗은 몸인 것이다. 지혜와 재산과 신용도 없다. 제로이기 때문이다. 이 심경을 지니고 사물을 생각해보면 완전한 제로보다는 약간은 지니고 있다는 걸 알게 된다. 지혜가 없다고 생각했지만 약간은 있지 않느냐? 또 신용도 있고 벌거숭이도 아니라고 알고 나면 자연히 활로活路가 열리는 것이었다"라는 것이었다.

파업주동자로 퇴직당한 후
거대巨大 보험사를 세운 야노쓰네다失野 恒太

"3년간 승급도 안 해주고 신체검사만 하고 있으니 의료법도 투약법도 몽땅 잊어버리게 생겼습니다"라고 일본생명日本生命에 소속된 사의社醫를 대표해서 카타오카片岡 부사장에 따지려든 것은 야노失野 청년의사였다. 여기서 어떤 심한 말이 오갔는지는 알려진 바가 없으나 그 길로 야노失野는 사표를 던지고 나와 버렸다.

그리고 '옳지! 이제 두고 보아라. 나도 보험회사를 차려서 카타오카片岡에게 혼구멍을 내주겠다'라고 다짐했으니 어지간히 화가 치미는 소리를 들었던 게 분명하다.

야노失野는 1865년 오카야마岡山시에서 개업의의 아들로 태어났다. 15대째 내려오는 의사의 직업을 잇기 위해 초등학교 선생직을 그만두고 오카야마 의학교장(醫學校長 대학학부의 전신)엘 들어갔다. 그러나 얼마안가 자신의 책冊과 책상 등을 몽땅 팔아버리고 그걸 여비로 삼아 도쿄東京로 올라와 버린다. 그리고 독일어학교에 입학을 하는 한편 동경대학의 학부 예비과에 합격을 했다. 그러나 학비 문제로 곧 퇴교를 하고 다시 고향으로 돌아가 오카야마의 학교장에 입학을 했으니 이때 나이는 불과 17세에 불과했다.

그는 여길 졸업했으나 아버지 밑에서 환자를 돌보는 일이 하고 싶지 않아 오사카大阪로 가게 된다. 오사카 부립병원장으로 있는 과거의 은사 키요노淸野에게 취직을 부탁하자 키요노는 자신이 겸직하고 있던 일본생명에 보험의保險醫로 들어가게 된다. 여기서 보험제도의 연구를 깊이 하는 한편 보험에 가입하는 사람을 검사를 한 것이 1년간 무려 500건에 다다랐다. 이때에 보험의들 일동은 회사에 대한 대우문제로 파업에 들어가고자 했고 그들의 대표자로서 카타오카片岡 부사장과 면담을 했다가 사표를 내던지게 됐던 것이다. 퇴직수당을 생활비로 쓰면서 보험에 대한 연구를 거듭하게 된다.

그는 독일의 경제 · 재정학자『애돌프와그너의 보험론保險論』을 탐독했다. 그 당시 보험업은 소자본으로 시작할 수 있는 유리한 사업으로 인식되어 보험사 설립이 우후죽순으로 많을 때였는데 거의 아마추어들이어서 그 기초는 극히 불확실한 것들이었다. 그는 '와그너'의 이론 속에서 '이익추구를 근본으로 하는 통상적인 주식회사가 아니고 회원조직을 기본으로 해서 잉여금의 거의 전부를 계약자에게 돌려준다는 환원상호주의相互主義로 보험회사를 세우는 것이 사명이다'라고 마음먹게 된다.

1893년엔 이러한 연구의 결실을『비사리주의非射利主義 생명보험회사의 설립을 원한다』란 소책자를 자비 출판했다. 사리射利란 '영리營利'를

뜻하는 말이 된다. 이 글이 당시의 재벌 야스다安田의 눈을 끌게 되어 공제共濟생명보험합자회사가 탄생했고 여기에 실무자의 한 사람으로 들어가 계약선택 등을 담당케 되었다.

그는 여기서 보다 선진국의 경영을 배우고자 야스다安田에게 의논을 해서 독일의 '고오타 생명보험상호회사'를 목표로 유럽으로 건너가 베를린에서 배우게 된다. 그러나 1895년엔 벨기에의 브뤼셀에서 개최된 '국제 액추어리회의'가 열려 참석을 하자 동양인으로는 딱 한 사람이 참석했다고 해서 부의장으로 지목됐다. 여기서 또 저명한 보험업자와 학자들과의 면식을 갖게 된다. 1897년엔 야노失野가 귀국하자 공제생명에선 그를 총지배인으로 예우해주었다. 그러나 원래가 금융자본가인 야스다安田의 계열 회사의 간부들과는 기초적으로 서로 의견이 달라 퇴사를 했다.

그때까지만 해도 크고 작은 보험회사 속에선 사회적 문제를 일으키는 경우가 많았는데 이들을 적절히 감독할 수 있는 법규가 없었다.

이때에 베를린 시대의 친구였던 오카노게이지로岡野敬次郎를 만나게 되고 그의 주선으로 농상무성農商務省 상공과 직원인 관리로 들어갔다. 여기서 그의 새 '보험법'의 기초 작업에 종사하게 된다. 이 법안은 1900년 중의원과 귀족원을 통과해서 7월부터 시행이 됐다. 이것이 실현되자 그는 보험과장으로 승진이 되어 각 회사의 업무검사를 맡아 하게 된다. 난마亂麻같이 어지러웠던 업계가 어느 정도 정돈이 되자 그는 퇴직을 했다.

당시 일본우선日本郵船의 가토오加藤 부사장은 야노矢野와 가까운 오카노岡野에게 "야노矢野란 사람은 일본생명에 있나? 하다간 2, 3년 만에 튀어나오고 관리가 됐다가 이것도 금세 그만두고 이번엔 제1생명이란 회사를 만든다고 돌아다니는 데 이렇듯 엉덩이가 가벼운 사람은 신용이 안 된다"라고 했고 오카노岡野는 "야노矢野는 그것이 장점이 된다. 상호보험이란 이상을 굳게 지니고 있었기에 여기저기와 맞지를 않아 나와서 지금은 자기 스스로 만들고자 하는 신념이 굳은 자가 아니겠느냐?"라고 그를 변호해주었다.

야노矢野는 창업 당시부터 '최대의 회사'를 만들지 않고 '최량最良의 회사'를 목표로 시작해서 계약자 보호에 주력을 쏟아 부었다. 그리고 신규 계약자를 늘리는 것은 둘째로 제쳐두고 계약선택을 엄하게 하는 대신 보험금의 지불만큼은 최대한 관대하게 할 것을 목표로 삼았다. 종래의 생명보험관과 방식은 '사람이 죽지 않으면 손해본다'였으나 이와는 반대로 장명무손해長命無損害를 내세웠고 가입자에의 배당금을 계약연수에 비례해서 배분하는 식의 방식을 쓰게 했다. 또 평균수명이 늘어난다는 점을 감안하여 보다 합리적 보험료를 산출해냈다.

이 상호회사방식에 대해 그는 이렇게 말하고 있다. "요要는 동지들이 모여서 집을 빌리고 고용인을 쓰고 생활용품을 사 쓰는데 각자가 실비를 부담하는 것과 같다." 이러한 발상의 근원은 어렸을 때 읽은 논어論語의 영향을 받은 것이기도 하다.

또 그는 "상호회사는 계약자가 주역主役이고 자신들은 그 경영을 책임을 진 것일 뿐"이라고 하고 경영은 전체를 유리로 세워 만든 투명성을 실행에 옮긴 것이었다. 그리고 창립 후 5년째 되던 해부터 3분分의 배당지급을 실행에 옮겨 신뢰도를 높였다.

또 "회사 중역은 사원 중에서 뽑는 게 풍조이고 사원으로선 행복하겠고 이것을 미풍美風으로 보여지지만 실제로는 이것은 인재등용이 아니고 나이든 사람을 차례차례로 우대하는 것으로 보여질 뿐이다"라며 아무리 장기근무를 하더라도 중역을 시키진 않았다. '인적人的신용도'를 사업의 기초로 삼았던 것이다. 즉 "저 사람이 중역으로 있는 한 결코 보험금을 지불하지 않을 리가 없다"라고 믿게끔 했던 것이다. 그는 1951년 86세로 작고했지만 일본 최대의 생명보험 '제1생명'의 창업주요 보험업제정의 합리화와 화재보험, 생명보험, 간이보험 등 보험제도의 원형을 만든 대부라 할 수 있다.

현재 제1생명의 본사빌딩은 동경의 중심지 히비야日比谷에 탄탄하게 지은 건물로 종전 직후는 GHQ(일본점령군총사령부)의 본부로 쓰여지기도 했다.

고바우
김성환 화백의
일본 거상기담

6계명

제3의 대안,
시너지를 활용하라

PR의 천재
기노쿠니야 분자에몽

紀伊國屋文左衛門

건축토목사업가 기노쿠니야 분자에몽(紀伊國屋文左衛門: 1669~1718 추정)에 관한 이야기다. 그는 막부(정부)로부터 우에노 강에이지上野寬永寺란 거대한 사찰의 건축사업을 떠맡게 됐다. 그 당시의 건축사업은 업자들의 담합이나 경쟁 입찰 같은 것 없이 막부로부터의 지명을 받으면 그것으로 끝나는 것이었다. 물론 여기까지 도달하는 과정엔 뇌물공작도 어느 정도 필요했지만 어느 정도의 실적도 참작이 됐다. 분자에몽은 일종의 정치상인으로 막부의 경제정책 담당자와 재정 담당자와는 이미 가까운 사이였다. 이 절간 건조의 하명은 분자에몽으로선 하늘에서 떨어진 대박이요 천운이었다. 이 공사로 그는 단번에 50만 량이란 거금을 거머쥘 수 있었던 것이다. 당시에 50량이면 보통생활로 1년을 지낼 수 있는 금액이 되니 1만년을 먹고 살 돈이다.

하루는 그의 고향인 기슈번紀州番의 중역과 만나게 됐는데 그 중역을
통해 기슈번 전체가 심각한 경제위기를 맞고 있음을 접했다. 기슈번에
선 종래의 쌀 생산과 그 증산으로 경제를 살리던 정책과는 달리 명산품
의 생산과 그 부가가치로서 경제의 기둥을 삼고 있었다. 특별한 간장·
식초·숯·미깡(감귤)·칠기 등 전국적으로 그 명성을 얻어 비교적 윤택
한 편이었다. 또 기슈는 일본에서도 남쪽이어서 그 토양이 미깡에 알맞
아 아리타有田의 미깡으로 널리 알려져 있던 터였다. 그런데 농민들이 논
밭일보다 손쉬운 미깡의 명성에 힘을 얻어 너도 나도 미깡나무를 심어서

엄청난 대량생산을 하게 됐고 그 수요와 공급에 차질이 생겨 수확도 하기 전에 미깡이 나무에 매달린 채 썩어버리게 방치할 수밖에 없게 됐던 것이다.

그래서 그 중역의 부탁은 '아리타의 미깡을 강호(江戶: 東京)에서 다시 한 번 명성을 되찾게 해서 기슈번의 경제를 되살리게끔 해달라'는 것. 분자에몽은 한 가지라도 고향에 기여를 해줘야 명분이 설 것 같았다. 더욱이 번주(지금의 도지사격)인 요시무네(吉宗: 나중에 장군의 지위에 올라 전체 일본의 지배자가 됨)는 도쿠가와德川 막부의 가까운 인척으로 어쩌면 쇼오군(수상격)이 될 입장이기도 했다. 그러나 그가 다스리던 지역인 기슈紀州에서 농정에 실책을 해서 백성이 도탄에 빠졌다면 커다란 오명을 남기게 되고 이 오명으로 해서 장군이 못될 수도 있는 터였다. 여기서 분자에몽은 "알겠습니다. 제 지위와 전 재산을 들여 발 벗고 나서겠습니다. 다만 시간이 조금 걸리겠습니다"라고 대답을 했고 분자에몽은 최우선으로 강호에서의 시장 조작에 착수했다. 그 당시 강호에서의 환락가는 요시와라吉原란 거대한 유곽지대 하나밖에 없었다.

무사들이건 상인들이건 간에 온갖 소문은 이곳에서부터 퍼지기 시작했고 이곳에서 나온 정보는 상당한 신빙성을 지니게 됐던 것이다. 원래 일본에서는 예나 지금이나 마쓰리祝祭가 수없이 많은데 그중 중요한 것 중 하나가 대장간의 대장장이들이 벌리는 '후이고제祭'라는 것이 있었다. 이 축제가 벌어지면 온 시내 어린이들은 거의 모두가 몰려나와 이 축제에 참석을 하게 되었다.

그 이유는 축제 때 2층 높이의 무대 위에서 아래쪽을 향해 수백 포대의 미깡을 뿌렸기 때문이다. 그러니 공짜로 뿌려지는 미깡을 한 개라도 더 줍기 위해 아수라장이 되지 않을 수 없었다. 분자에몽은 이때 뿌려지는 전국 도처의 싸구려 미깡을 전부 아리다(有田)의 명품 미깡을 뿌리게끔 관습을 바꿔보자는 데서부터 착안, '수요란 주변에 널려있는 고객만을 모으는 것이 능사가 아니다. 생산자의 발상의 전환에 따라 새로운 창안을 해야 한다'란 자신의 지론을 실험에 옮기고자 했던 것이다. 또 환락가 요시와라의 기생들로 하여금 새로운 유행가를 만들어서 유행시키게끔 했다. '바닷가는 어두운데 흰 돛대는 보이네. 저것은 키노쿠니(紀州의 별칭)의 미깡을 실은 배지 뭐니'가 가사가 되는데 그 곡은 이미 유행되던 노래에 가사만 바꾼 것이었다.

이 노래는 삽시간에 요시와라에 번졌고 다시 강호의 전 시내로 번져갔다. 애당초 분자에몽은 요시와라에선 살아있는 신(神)같이 유명한 존재였다. 그도 그럴 것이 분자에몽은 때때로 요시와라에서 호탕하게 놀면서 순금으로 된 고방(小判: 엽전)을 됫박에 담아 들고 가 기생들 앞에 우박같이 뿌렸고 수백 명의 기생들은 이것을 줍기 위해 요정의 방과 마루와 마당이 일시에 아수라장으로 바뀌곤 했다. 한번은 발목까지 빠지는 대설(大雪)이 내린 날 대문밖에 순금 고방을 뿌려서 수천 군중이 몰려들어 순식간에 그 일대의 눈이 흔적도 없이 사라지는 등 그야말로 살아있는 전설의 인물이었던 것이다. 요시와라에서 '분자에몽이 기슈에 미깡을 사러간다'는 소문이 나돌기 시작했고 곧 쌀 300석을 실을 수 있는 대형 수송선을 건조시키고 사공들 모두에게 흰 옷과 흰 머리띠를 두르게 한 다음 출항을 하게 되니 수만 군중이 이 광경을 보려고 부둣가와 근처의 집 지붕

과 동산에까지 올라가 보는 등 소동이 일어났다. 말할 것도 없이 요시와
라를 통해 광고를 널리 했기 때문이다. 여론조작과 군중동원의 천재였
던 분자에몽이 요즘 출마했다면 그야말로 안이하게 대권을 잡았을지도
모른다. 수백 명의 사공이 외치는 소리와 북소리, 그리고 수만 군중의 환
호 속에 출항 기슈에 도착한 배는 미깡을 사들이는데도 불량품이 하나도
끼지 않게끔 골라서 사들여 배에 실었다. 또한 강호에 도착하자마자 재
빨리 공급을 하지 않고 미깡 시장에 파견나간 부하로 하여금 미깡의 시
세를 손바닥 신호로 받아 날짜를 기다렸다가 가장 시세가 오른 날에 육
지로 하역, 대장간 모임에 가장 싼값으로 팔아넘겼던 것이다. 그러니 '후
이고 제祭에선 아리다의 미깡만 뿌려야 한다'는 소문이 삽시간에 퍼졌고
또 소문이 현실로 정착했던 것이다. 이때부터 아리다의 미깡은 전국 방
방곡곡에 불티나듯 판매돼 기슈의 경제는 살아났다. 그가 요시와라에서
기생들에게 황금을 뿌리고 호통하게 놀던 원인도 실은 여론조작 즉, PR
을 위한 것이었고 그의 상술에 직결됐던 것이다. 매스컴이란 것이 거의
없었던 당시 그의 기상천외한 PR정책은 그때그때 시기적절하게 들어맞
았던 것이다. 그러다가 그의 말년은 또한 깨끗한 처신으로 소문이 났다.
그는 당시 50세에 일선에서 은퇴했는데 당시의 50세라면 오늘의 70세에
해당된다. 그리고 54세에 별세했다.

은퇴 당시 그가 새집으로 이사를 갈 때 십여 대의 대형 달구지로 가재도
구를 운반하는 데 18일이나 걸렸다는 이야기가 아직까지 전설로 남아 있
다. 그리고 요시와라에서 황금을 뿌리는 장면이 가극으로도 남았고 우키
요에란 판화版畵로도 널리 알려졌다. 그는 치부를 하면서도 수많은 문사文

士들과 화가畵家들과 친교를 가졌으며 또한 그들의 후원자이기도 했다. 무작정 현금만 모으는 황금제조기는 아니었던 것이다. 그래서 가엾은 기생에게 혜택을 나눠주는 의상義商으로 보이기도 하고 시와 하이꾸(俳句: 日本특유의 시)의 작가와 유명한 화가들의 솜씨로 일본 도처에 조각상(미깡을 싣기 위해 떠나는 장면)과 그림으로 지금까지 남아 있으며 상인으로서 드물게 존경을 받고 있다.

종교가와 기술자가 협력해 일으킨
스미토모住友 재벌

대체로 현재 일본의 4대 재벌(4대 상사라고도 부름)이라면 미쓰이三井·
미쓰비시三菱·스미토모住友·야스다安田를 쳐주고 있다.

스미토모는 은행·무역·금융·선박·제철 등 거대상사로 가히 세
계적인 재벌급이 된다. 그런데 스미토모가업家業의 조상은 그 전신인 이
즈미야泉屋의 창시자 도모모치友以가 된다. 도모모치는 마사토모政友의 누
님과 소가리에몽蘇我理石衛門 사이에 낳은 아들로 마사토모의 데릴사위가
되어 동銅 무역貿易을 경영하는 이즈미야를 창업했다.

마사토모政友는 독실한 종교가로서 스미토모가의 정신적 지주가 된
다. 마사토모는 법화경法華經의 열렬한 신봉자인 그의 어머니를 따라 상
경上京, 종교생활로 들어가 문주원文姝院이라 불렀다. 얼마 후 그 종파를
지원하던 천황天皇이 죽자 다른 여러 종파들이 들고 일어나 사교邪敎라고

몰아치게 되자 막부(정부)도 이를 탄압하기 시작, 마사토모는 부득이 환속을 했다. 그리고 교토 불광사佛光寺 근처에서 약종상과 서적상을 경영했다.

그후 양자로 삼은 토모모치友以가 동銅 제련업製錬業으로 성공해서 오사카大阪로 진출해서 거상巨商이 됐다. 마사토모는 문주원 지의서文殊院 旨意書란 상인으로서의 도리를 글로 써서 후손에게 남겼다. 내용은 '만사를 진심을 갖고 장사를 할 것', '들뜬 이익을 바라지 말 것', '말을 가려서 할 것', '근검절약' 등을 기술한 것인데 이것이 스미토모가의 대대손손으로 내려오는 가훈이 되었다.

이런 관계로 스미토모가는 조상을 두 분으로 모시게 됐다. 즉 사업상의 조상을 동 제련으로 사업을 일으킨 소가蘇我가 되고 정신적인 조상은

스미토모 마사토모가 된다.

사업상의 조상 소가蘇我는 1590년, 19세 때 교토京都에 올라가 이즈미야泉屋란 옥호로 제련소를 차렸다. 1598년 그는 포르투갈과 스페인으로부터 새로운 치금기술治金技術을 습득해서 은銀과 동銅의 합금을 만들어 은을 납鑞 속에 농축시켜서 용해온도의 차별에 의해 분리시키는 데 성공했다. 즉 용해온도가 낮은 납은 은과 함께 녹아내리는데 이 함은연(含銀鉛: 은이 포함된 납)으로 납을 재로 흡수시켜 은을 채취하는 방법이었다.

이때까지 일본은 동銅 속에 포함된 은銀을 빼내는 방법을 몰라서 은이 들어있는 동을 통째로 싸게 수출하고 있던 것을 근원적으로 뒤집어버렸던 것이다. 이것은 스미토모를 거부로 만든 계기가 되었을 뿐 아니라 국익상으로 굉장한 이익을 가져다주었던 것이다.

일본인들은 조상들의 업적을 기리고 보존하는 습관이 몸에 배여 있어서 마사토모가 교토에서 서적과 약종상을 개업했을 때의 반혼단反魂丹이라 쓴 간판 및 친필 등과 다이묘大名 저택에 드나들던 출입 팻말과 스미토모의 초기 상표 등이 스미토모자료관에 고이 간직되고 있다. 마사토모의 목각상을 보면 아래턱이 넓고 완고해 보이지만 눈매는 종교가답게 인자해 보인다.

일본인들은 자신의 조상이라고 해서 특별히 미화美化시켜 그리거나 조각으로 새기지는 않는다.

'논어와 주판'을 양립시킨
시부사와 에이이치澁澤榮一

시부사와 에이이치(澁澤榮一: 1840~1931)는 막부의 마지막 장군 도쿠가와 요시노부德川慶喜의 신임이 두터웠다. 그래서 1867년 파리에서 만국박람회가 열렸을 때 일본대표단으로 친동생 도쿠가와 아키다케德川昭武를 단장으로 한 일행 21명 중 막내가 되는 시부사와를 딸려 보냈었다. 유럽의 여러 문명에 놀란 일행은 그래도 일본의 국위를 선양해야 한다면서 여비를 흥청망청 써버림으로써 돈이 떨어지게 되었다. 그래서 부랴부랴 본국에 전보를 쳤으니 이 전보야말로 일본인이 붙인 전보 1호가 된다. 그 내용은 다음과 같다.

"고칸죠 부교오(御勘定奉行: 재무장관 격) 앞. 우리들 돈이 떨어졌으니 급히 오리엔탈 뱅크를 통해 돈을 붙여주시오"였다.

이 전보는 당시의 일본에는 전신이 통하지 않은 때여서 샌프란시스코

경유 선박 편으로 일본에 도착하게 됨으로써 무려 1개월이나 소요됐었다. 그 당시 파리는 나폴레옹 3세 치하 때로 휘황찬란한 가스등 아래 달콤한 샹송을 부르는 미녀에 일행이 흠뻑 젖어 있을 때 26세의 시부사와는 홀로 "유럽의 문명개화의 원인이 과연 무엇일까?"를 골똘히 연구하고 있었다. 여기서 얻어낸 결론이 주식회사제도와 은행제도란 것에 눈을 떴던 것이다. 뿐만 아니라 유럽 각국의 근대적인 산업설비와 경제제도를 면밀히 체크해 두었다가 돌아왔던 것이다.

일본은 이미 정치적으로 막부시대는 막을 내리고 명치정부가 들어서는 와중에 있었다. 이 명치정부의 오쿠라쇼(大藏省: 재무부의 새 명칭)에 들어가 세법 개정 등 일에 종사하다가 사임을 하고 나서 최초의 주식회사 상법회소商法會所를 설립했다. 그리고 회사 설립 때에는 이런 말로 그 취지

를 설명했다.

즉 "국가사회의 번영은 덕의德義와 장사 위에서 성립된다"였다. 주식회사의 의의意義를 규정한 것이다.

한편 제일국민은행을 창립했고 일본철도회사 · 오오사카 방적 · 동경가스, 기선 · 제강 · 조선 등 무려 500개에 이르는 회사를 설립했고 상공회의소와 은행집회소도 만들어 업자간의 의견개진과 유대를 원활하게 끔 만들었던 것이다. 그는 문자 그대로 여명기의 일본을 산업대국으로 키워내는데 최대의 공로자가 된다.

시부사와는 일찍이 10대 때에 사서오경四書五經을 읽었고 그래서 '논어論語와 주판을 양립兩立시켜라'란 좌우명座右銘을 실천에 옮긴 인물이었다. 그는 이론보다는 인품으로 남을 움직이는 이상한 마력 같은 걸 지녔던 것 같다.

1863년 5월 영국인 무기상 그라바의 주선으로 이등박문伊藤博文 등 수명이 영국으로 유학가서 1년 만에 귀국, 명치 신정부에서 제정한 헌법제정에 참여하여 영국헌법 등을 참작했는데 시부사와는 몇 달간의 유럽순방으로 유럽의 실업계의 장점을 참작, 도입했던 것이다.

그 당시 시부사와가 한번 깃발을 휘둘렀다 하면 어떤 거상(재벌급)이건 실업가건 간에 채산성을 무시하고 너 나 할 것 없이 새 사업 창건에 보태겠다고 몰려들었던 것이다. 청소년 시절을 막부의 사무라이로 지냈고 명치 신정부 시대 땐 재무부 관리를 거쳐 실업계의 거인으로 군림했으므로 엄청난 재벌이 될 수도 있었으나 사심이 없던 인물로 만년에 들어서는 모든 공직에서 물러났고 1931년에 타계했으니 그의 나이 91세였다.

한 번 수주하면 영원한 고객
가와사키川埼 조선 왕王

1869년 9월의 일이다. 일본 토사土佐 앞바다에서 폭풍우를 만나 낙엽
같이 파도에 휩쓸려 떠도는 남파선 한 척이 있었다. 40시간의 표류 끝에
다네가시마種子島에 다다라 구출된 젊은이가 있었으니 그는 가와사키쇼
오죠(川埼正臧: 1837~1912)였다.

이 죽음의 표류 속에서 가와사키는 자신의 일지日誌에 마지막 시詩까지
한 수를 지어 쓰기도 했다. 가와사키는 1837년 규슈九州 가고시마의 영세
상인의 집에서 태어났다. 아버지를 잃고 나서 2년 후 16세 때인 1853년,
네덜란드 사람으로부터 상품을 받아 오사카大阪와 코베神戸에 운송하는
나가사키의 한 점포에 수습사환으로 들어가 일을 배우고 있었다.

사환으로 있으면서도 밤중엔 남에게서 빌린 영화사전英和辭典을 베껴
가면서 영어공부에 몰입을 했었다. 그러다 1863년 26세가 됐을 때 오

사카에 가서 조촐한 무역상을 차렸었다. 그러다가 자신이 힘겹게 장만한 배가 짐을 만재한 채 폭풍우를 만나 침몰해 버려서 엄청난 좌절에 빠졌었다. 마침내 류큐탕(流球産 설탕)을 취급하는 회사에 취직, 류큐와 오사카·가고시마 사이를 왕래하다가 풍랑을 만났던 것이다.

명치 5년(1872년) 들어서서 규슈九州 근해에서 이번엔 배가 좌초해서 또다시 구사일생九死一生을 한다. 이렇듯 두 번에 걸친 해난사고에서 그래도 살아남은 까닭은 배가 구식인 일본배和船가 아니고 견고한 서양식 배였기에 침몰을 면했다는데에 깊은 감명을 받았다. 그래서 '어떤 폭풍우를 만나도 이겨낼 수 있는 강력한 배'를 만들어내자는 평생의 목표를 그때 세웠다. 그의 꾸준한 항해생활은 일본의 신정부 대장성(大藏省: 재무부)

으로부터 류큐 항로의 조사를 위탁받아 류큐와 일본 본토와의 우편선 정기 항로 개설에 이바지하게 된다.

이 연고로 우정성(郵政省: 체신부)의 창시자 마에지마히소카前島密의 추천을 받아 일본국 우편증기선회사의 부사장에 취임케 된다. 다시금 가와사키는 이 기회를 이용, 견고한 일본선박의 조선造船을 위해 마에지마를 통해 정부로부터 자금을 타내서 동경과 코베神戶에 조선소를 설립, 100톤에서 400톤 사이의 서양식 선박을 연간 20척씩 건조해내는 데 성공했다. 그러나 첫술에 배부를 수 없듯이 처음엔 조선소 설립 자금으로 50만 원을 요청했으나 불과 3만 원밖에 타내질 못했다.

여러 가지의 자금난 끝에 1878년에 겨우 가와사키쓰기지川埼築地 조선소를 설립하자 이번엔 기술자의 영입에 애를 먹었다. 겨우 막부시대 때의 선박기사였던 아베安部를 월급 200원에 맞이했다. 그 당시의 200원이면 동경 은좌의 일등대지에 집을 지을 수 있는 금액이었다. 그러나 꼭 필요한 인물이라면 빚을 내서라도 모셔다 활용하겠다는 인물중용론자였던 것 같다. 또 PR 홍보에 대해서도 돈을 아끼지 않았다. 가와사키 건조 제1호선이 되는 '북해환北海丸' 진수식 때는 1천 명이 넘는 일본의 명사들을 모조리 초청, 축하연을 열기도 했다. 그 비용이 선박대금보다 많이 들었다 하니 그의 배포가 어떠했는가를 알 수가 있다. 그리고 "한번 수주受注하면 영원한 고객이 되어지게끔" 하는 평생의 자세로 온갖 정성을 다했다.

말단 공원들과 침식을 같이하며 노력하는 소탈한 인품도 지니고 있었다. 때로는 이자도 못갚을 정도로 자금난의 압박을 받기도 했지만 다각

경영으로 관당(官糖: 제당) 판매와 해운업 등의 이익금을 쏟아 부어서 유지를 시키기도 했다.

또 자신의 소유 대형선박 두 척이 사고로 침몰, 한 척이 파손하는 등 난관의 연속선 위에서도 그때마다 '배에 미친 사나이', '과대한 집착심을 지닌 사람'으로 험담을 들으면서도 사업에 열정적으로 도전했다. 그에겐 그를 버리지 않은 몇몇 유력인사가 있었으니 인간적인 매력도 갖추고 있었던 것 같다. 예를 들어 농상부대신 다니다테키谷干城와 외무대신 이노우에가오루井上馨 등 지지자들의 도움이 또한 컸다.

명치 27년(1894년) 청일전쟁이 일어나자 그에겐 마치 물고기가 물을 만난 듯 행운이 들이 닥쳤다. 해군의 독촉으로 군용 함선의 수주는 물론, 수많은 각종 선박의 수리가 그칠 줄을 몰랐다. 그러나 1912년 가와사키는 그동안의 과로에 병마가 겹쳐 75세의 나이로 영면을 했다. 그 후 러·일 전쟁과 2차 세계대전을 겪으면서 현재까지 일본의 세계적인 조선업체로 가와사키조선소의 이름은 영구히 남아 있다.

시멘트 왕王 아사노淺野 재벌의 6대 성공비결

결심 · 근면 · 끈기 · 근검 · 건강 · 신용

아사노 소오이치로오(淺野總一郎: 1848~1930)는 토야마현富山縣의 한의사의 아들로 태어났다. 6세 때 다른 의사의 집에 양자로 들어갔으나 공부하기가 죽기보다 싫어서 14세 때 본가로 도망쳐왔다.

아버지가 작고하자 집 뒤뜰에다 덮개 옷 공장을 차렸다가 수익이 늘자 간장공장을 차렸으나 금세 도산을 했다. 19세 때 다다미 · 술 · 곡물 · 어물점으로 사업을 늘렸다가 명치유신 파동으로 금세 빚더미 위에 올라앉게 된다. 어찌나 손해를 많이 봤던지 소오이치로오總一郎를 손이치로오損一郎라고 불리기도 했다. 고리대금업자를 비롯, 수많은 빚쟁이를 피해 달랑 여비만 갖고 동경으로 튀었다. 차가운 물 설탕 장사를 했는가 하면 된장을 파는 점포에 들어가 일하기도 했다. 그런데 거기서 된장을 싸주는 대나무 껍질이 된장보다 엄청 비싼 데 착안, 새 사업을 벌인다. 즉 치바현千葉縣으로부터 대량으로 대나무 껍질을 사들여와 이걸 반듯하게 펼쳐서 여러 점포에 팔기 시작해 금세 돈을 벌었다. 다시 석탄장사를 시작했는데 요코하마 시市 가스 국局이 골치 아파하는 코크스와 콜탈에 눈을 돌린다. 콜탈은 소독용 석탄산의 원료가 된다.

명치 14년(1881년) 동경과 요코하마에 콜레라가 돌자 아사노淺野의 콜탈은 날개 돋친 듯 팔려나갔다. 다음은 카나가와현神奈川県 청廳이 각 가정의 분뇨 처리에 골치를 썩히자 아사노는 현청縣廳에다 요코하마 시내의 60개 공중변소를 지어주면 그 분뇨처리는 자신이 도맡아 처리하겠다는 제안을 했다. 현縣에서 반색을 해서 시내 63개소에 공중변소를 설립하고 그 처리권을 아사노에게 맡겼다. 당시엔 비료가 거의 없던 시대라서 농촌에 이걸 팔아 또 치부를 했다. 요는 남들이 버리는 물건을 살려내서 돈으로 바꾼 사람이었다. 다음엔 국영경영으로 비용을 엄청나게 쏟아 부었으나 경영이 실패해서 문을 닫기 일보 직전인 후카가와深川의 시멘트 공장을 불하받고자 나서게 된다.

1879년부터 코크스 납품 때문에 이 공장에 출입하던 아사노는 은행으로부터 2년간의 무상대부를 받아서 공장을 인수, 결사적으로 운영을 하게 된다. 공장 안에 가건물을 짓고 가족과 함께 이주해서 아침 6시에 공장대문에 나가 출근하는 공원들을 맞이하곤 했다. 너무나 심한 노동력의 강요에 파업이 일어나기도 했으나 그는 한발자국도 안 물러나고 이를 극복한다. 밑바닥에서부터 일어난 아사노이기에 가능했던 것이다.

2년 후 시멘트공장이 궤도에 오르자 이번엔 흰 벽돌공장까지 불하받

아 운영하게 된다. 아사노시멘트(후에 日本시멘트였다가 현재 太平洋시멘트로 개칭)의 거대한 일보一步였다. 그 후 해운·탄광·제철·조선·석유·수력전기·금융·목재와 간척사업으로 일본경제의 인프라 정비를 이룩하는 데 기여했던 것이다.

1924년 아사노의 희수(喜壽: 77세) 때 그의 계열회사는 35개사에 그가 대주주로 있는 회사는 50여 개가 되었다. 그의 성공비결은 ① 결심 ② 근면 ③ 끈기 ④ 근검 ⑤ 건강 ⑥ 신용이라고 기자들에게 말하기도 했다.

그의 신조는 "남의 협력에 기대지 말고 독자경영의 각오"와 "사람은 하루에 네시간 이상을 자면 바보가 된다"는 것이었다. 그는 새벽 4시에 기상, 아침목욕을 하고 아침식사 때 중역회의를 여는 등 눈코 뜰 새 없이 뛰었던 것이다. 그러면서도 여성관계도 다채로워서 본처와 그밖의 여성들에게 낳은 자녀는 13명에 이르렀다. 빚에 쫓겨 상경해서 "차가운 물설탕이요!"라고 외치고 다닐 때 속으론 '차가운 세상이여 두고 보자!'라고 되뇌이면서 이를 악물고 뛰기를 82년, 그는 소망을 달성하고 영면을 했던 것이다.

풍금 수리공에서
피아노 제조 왕王이 된
야마하山葉

야마하 도라쿠스山葉寅楠는 1851년 키슈紀州번藩의 사무라이의 셋째로 태어났다. 아버지가 번道廳에서 천문天文 담당이었던 고로 어렸을 때부터 기계에 흥미를 가졌고 나가사키에 가서 영국인 기사 밑에서 시계 기술을 배우게 된다. 당시엔 시계는 모조리 수입품이었고 귀중품이었다. 그는 다시 오사카에 올라가 의료기 상회에 들어가 의료기 수리에 몰두하게 된다.

1886년 소학교령小學校令 지금의 초등학교에 의해 창가(음악)과목이 설치되자 하마마쓰 소학교에선 미국제 오르간을 구입했다.

당시의 오르간은 마치 보석 같은 귀중품으로 그걸 보관한 교실엔 열쇠로 잠그고 참관허가증이 있어야 들어가 볼 수가 있었다.

그런데 이것이 고장이 났으니 마치 마른하늘에 청천벽력이 떨어진 셈

이다. 당시 이걸 고칠 사람은 아무도 없었다. 속수무책이란 이럴 때를 두고 하는 말 같았다.

그래도 혹시나 하는 마음으로 의료기 수리 기술이 있는 야마하에게 의뢰를 해보기로 했다. 야마하도 오르간은 처음 보는 것이어서 자신이 없었으나 일단 한 번 보자하고 가서 뚜껑을 열어 보았다.

꼼꼼히 살펴보니 용수철이 두 개 끊어진 게 보여서 이걸 잇대놓고 보자 간단히 원상복구가 되는 게 아닌가? 이때에 오르간의 내부구조를 노트에다가 모사를 해두었다. 그런데 그 이치를 알고 보니 그리 복잡한 게 아니었고 "이 정도 물건이면 내가 못 만들 것도 없다. 어디 한 번 시작試作품을 하나 만들어보자"고 마음먹었고 오르간의 장차 전국의 초등학교에 없는 데가 없이 비치될 것이 틀림이 없고 엄청난 값에다 송료까지 많이

들이고 외국 제품을 들여오기보다는 내 손으로 국산화하고 나면 국가에도 크게 이바지하게 될 것이란 신념을 갖게 되었다. 그러나 현실적으로 제품제작에 필요한 돈도 공장도 없었고 자금을 선뜻 내주는 이도 없었다. 이때에 귀금속가공업 일을 하고 있던 가아이 키사부로河合喜三郎를 만난 것은 행운이었다. 가아이는 자신이 쓰고 있던 일터를 내주었을 뿐 아니라 자금도 대어주었다. 일단 기초는 잡았으나 그 제조용구와 재료를 구하는 게 또 쉽지가 않았다. 가아이와 함께 여기저기 재료를 얻어와 조립을 해서 두 달 후에 한 대의 오르간을 완성시켰다.

그러나 그 지방의 초등학교에선 만족할만한 평가를 얻을 수 없었다. 야마하는 할 수 없이 가아이와 함께 이 무거운 오르간을 물지게를 개조한 들것에 매달고 하마마쓰浜松를 떠나 하코네箱根산과 개울을 건너 장장 250킬로 거리를 돌파 동경東京까지 가 닿았다.

그리고 음악취조소(取調所 지금의 동경예대)에 가 소장에게 심사를 의뢰했다. 이사와伊澤 소장은 "모양새는 괜찮은데 조율이 정확치 않아 실제로 쓰기는 어렵다"란 판정을 내렸다.

야마하는 거기서 그만 낙담을 했다. 그러자 이사와의 배려로 음악취조소에서 강의를 청강케 됐다. 약 한 달 동안 음악이론을 배운 야마하는 다시 하마마쓰로 돌아와 가아이의 집에서 두 번째 시작품을 만들게 된다. 둘이는 새벽 5시에 일어나 밤 2시까지 그야말로 침식을 잊어버리고 작업을 했다. 가아이는 집과 부동산까지 몽땅 팔아서 자금조달을 했다. 실로 두 사람의 집념은 주변 사람들을 놀라게 했다. 두 번째 제품이 완성되자 자신감과 불안감을 안은 채 다시금 동경에 올라가 이사와의 심사를 받게 된다. 그 결과 먼젓번의 결함은 모조리 없어지고 외국산 못지않다는 평가를 내렸다. 야마하와 가아이는 오르간 위에 손을 얹어놓고 아무 말도 안하고 눈물을 흘렸다. 이것이 일본 국산 최초의 오르간이요 전 세계에 야마하 피아노가 알려지게 된 최초의 동기가 됐다.

1888년 3월 야마하는 하마마쓰의 어느 버려진 절간에다 '야마하 풍금 제조소'의 간판을 내 걸고 직공 10명의 규모로 출발을 했고 시작 1년 후에는 직공이 100명이 넘었고 자금을 대겠다는 이도 나타나 자본금 3만 엔으로 합자회사를 만들어 공장도 하마마쓰 역전으로 옮겼다.

이번엔 수입품과의 경쟁에 이기고자 수공업적인 악기 생산을 근대적 기구로 재편, 부품을 규격화해서 조립을 합리화시키고 고장 났을 때 즉시로 고칠 수 있게끔 학교 관계에 고객을 만들고 직공에겐 기술자 정신을 불어 넣어 자긍심을 갖게 했다. 그러자 1891년에 출자자 중 한 사람이 야마하에 대항해서 오사카大阪에서 다른 오르간 공장을 세워 그는 곤경에 빠지게 됐다.

나락에 떨어지게 된 그는 그래도 온갖 힘을 다해 출자금의 변제를 마치고 개인 경영으로 조업을 계속해 나갔다. 명칭도 '야마하 악기제조소'로 내걸고 그야말로 불굴의 정신력과 노력과 창의력을 살려 그 때 그 때의 위기에서 탈출, 1892년엔 드디어 수출에 성공, 자본금도 10만 엔의 주식회사로 출범했다. 그는 1899년에 문부성文部省 촉탁자격으로 미국에 건너가 정력적으로 피아노 공장을 시찰하고 그 제조방법을 면밀하게 노트에 기록했고 이듬해엔 미국에 기계와 재료를 주문, 이것이 도착되자 그랜드 피아노를 완성시키게 된다.

1902년의 일이었다. 1904년엔 미국 센트루이스에서 열린 만국박람회에 피아노와 오르간을 내놓아 피아노와 오르간에 명예대상大賞을 받는다. 1914년엔 그 당시까지 일본시장을 점령하고 있던 독일제 하모니카와 경쟁, 제조과정을 거쳐 종합악기 메이커로 성장을 했다.

그는 1916년 병을 얻어 64세의 생애를 마쳤다.

돌이켜보면 64년간의 생애를 통해서 조그마한 행운이 따르기도 했지만 불굴의 창조정신과 투지와 집념으로 쓰러지고 짓밟혀도 끝없이 재기해서 대성을 한 입지전적인 인물이었다. 조그마한 우여곡절은 있었지만 행운의 별을 달고 성장한 인물은 결코 아니었다.

7계명

끊임없이
심신을 수양하고 쇄신하라

쓰레기 야채로 거부가 된
가와무라何村

17세기(1600년대) 일본에 쥬우에몽十石衛門이라는 이름을 가진 한 막일꾼이 살고 있었다. 그는 짐을 만재한 달구지 뒤를 밀어주는 일을 하고 있었다. 달구지에 힘을 실어주는 노동자이기에 그 청년은 샤리키車力라는 성을 갖고도 있었다. 물론 호적상의 이름은 아니고 편의상 부르는 이름일 뿐이다. 어느 날 혈혈단신 오다와라小田原의 싸구려 여인숙에서 웬 노인과 함께 하룻밤을 자게 되었다. 그 노인은 샤리키의 얼굴을 찬찬히 보더니 "자네 인상을 보아하니 굉장한 재운財運이 있어 보이네. 에도江戸:東京에 가서 한번 재기를 해보게나"라고 말하는 것이었다. 샤리키는 혹시나 해서 즉시 에도로 되돌아가 시나가와品川 근처의 강가를 거닐면서 "나에게 어떤 운이 돌아올까"라고 막막한 심정으로 생각하다가 무심코 강가를 바라보았다. 그 강가엔 상당한 양의 야채류가 떠내려오면서 이리 몰리고 저리 쏠리며 떠도는 것이었다.

우리나라에 추석 명절이 있듯이 일본에는 7월에 '본盆' 명절이 있다. 화려한 옷과 꽃가마를 곁들인 축제가 끝나면 조상의 혼백에게 바치고 위로한다는 뜻으로 오이와 참외·가지를 강가에 흘려보내는 것이 '본 마쓰리盆祝祭' 행사였다. 그 버려진 야채뭉치를 물끄러미 바라보던 샤리키는 "바로 이것이구나"라고 생각되자, 근처에 서성거리던 거지들을 수십 명 불러모아 전 재산을 털어 수당을 나누어주며 그 야채들을 건져 모았다. 삽시간에 야채가 동산처럼 불어나자 빈 나무술통을 빌려서 그 속에

야채를 차곡차곡 채워두면서 계속 소금을 뿌려댔다. 이렇게 해서 소금에 절여진 짠지를 물지게에 가득 담고 주로 공사판 등을 찾아갔다. 그곳에서는 식사 때 반찬이 없어 짠지 한 개나 된장덩어리 하나만으로 식사하던 수백 명의 노동자들로부터 대환영을 받았다. 이렇게 지게를 지고 공사판을 돌다보니 그 수입이 짠지마냥 짭짤한 거금으로 되돌아왔다. 쓰레기가 될 뻔한 야채가 산더미처럼 큰돈이 되다니, 이런 횡재가 어디 있는가. 그는 이 돈으로 해운업과 치수사업에 손을 대기 시작했다.

당시 일본의 막부幕府:政府와 번藩(성주들이 다스리는 작은 영토의 주인)은 사무라이武士들에게 급여를 현금으로 주지 않고 쌀로 지급했으므로 그의 쌀 수송업 또한 대호황을 맞이하게 되었다. 훗날 사업에 성공한 샤리키는 가와무라즈이켄河村瑞賢이란 정식 이름을 갖게 되었다. 막부로부터는 고케닌御家人이라고 불리우는 고급 사족士族의 대열에도 끼게 되었다. 그의 공적을 기려 탄생지인 미에켄三車懸과 사카다시酒田市에는 동상이 서 있고 그가 정성들여 지은 휴게소 건물은 현재 동경의 국립박물관 마당으로 옮겨져 고인의 업적을 기리고 있다. 우리도 기업 영웅을 만들자.

다이마루大丸 창업자의 상도
선의후리先義後利

시모무라 히꼬에몽(下村彦右衛門: 1688~1748)은 경도京都 후시미代見에서 작은 기성복 상인의 셋째로 태어났다. 그의 조상은 무사였으니 오사카의 진(大坂의 陳: 도쿠가와가 토요토미의 아들 히데요리를 멸망시킨 전쟁) 이후 뜻하는 바가 있어 사족의 명예를 벗어 던지고 상인으로 변신을 했다. 시모무라는 19세 때 아버지가 경영하던 가업을 이어받아 오다가 후시미代見에 옷가게를 새로 차렸다. 정찰제에다 현금 매매를 하되 철저한 신용 본위로 영업을 해오다가 점차로 사업체를 확대해 오사카大阪・교토京部에 본점을 설치, 급기야는 에도(江戶: 東京)로 진출하고 일본 전국에 지점 수십 군데를 운영하기에 이른다. 1717년에 후시미에 옷가게 점포를 차린 해를 다이마루야大丸屋 백화점 창업의 해로 정해졌고 약 290년이 흐른 지금엔 일본 전국 수백 군데에 백화점 체인을 가진 다이마루 재벌로 성장했던 것이다.

시모무라에 의해 만들어져 대대로 가훈家訓으로 내려오는 글월은 '선의이후이자영先義而後利者榮'으로 이걸 줄여서 '선의후리先義後利'라고도 부른다. 즉 인륜으로서의 의義가 있고 의롭게 행하면 이익은 자연스레 따라오는 것이란 뜻이 된다. 약삭빠른 소 이익보다 의로운 상술로 장기간에 걸쳐 커다란 신용과 이익을 얻었다는 점은 얼핏 쉬운 것 같으면서 범인凡人이 따라가기 어려운 대인大人의 풍모를 지녔기 때문이다. 전설적인 일화나 천재적인 재능이나 특별한 운세를 타지도 않고 오로지 성실과 신용으로 대성한 대기업가요 CEO였다.

정찰제와 염가판매와 신용본위로 대성한 다카시마야高島屋 백화점의 창업자 이히다 신시치(飯田新七: 1803~1874)의 영업철학과 성장과정도 다이마루야와 유사한데 연대로 보아 이히다는 시모무라의 그것을 본받은 것이 아닌가 생각된다. 다만 그의 4대째 손자인 신시치(조상의 이름을 그대로 이어받음)가 1912년에 경도 점포인 다카시마야 백화점의 상품 진열을 현대식으로 바꿨다는 점이 특기할 만하다. 아마도 일찍이 외국에 건너가 외국의 백화점 진열 방식을 본받아 온 것이 아닌가 추측되기도 한다. 동양이나 서양의 성공철학도 크게 다르지는 않다.

필라델피아의 벽돌공장에서 노동을 하던 죤 소년(당시 13세)은 자신이 요일마다 다니던 교회의 앞길이 비만 오면 진창길이 되는 것을 가슴 아프게 생각했다. 죤은 그의 7센트의 임금으로 날마다 벽돌을 한 장씩 사서 그 길에다 깔기 시작했다. 한 달쯤 지나서 죤 소년의 기특한 행실에 감동받은 교인들이 제가끔 성금을 내어서 며칠 만에 진창길은 벽돌 길로 변했다. 이 소년의 이름은 '죤 워너 메이커'로 후일에 미국의 백화점 왕이 된 인

물이다. 그는 또 미국은 물론 전 세계에 YMCA 건물을 지어주었는데 서울 종로 2가에 있는 YMCA 벽돌 건물도 역시 워너 메이커의 기증에 의한 건물인 것이다. 워너 메이커의 좌우명이요 대대로 내려 보낸 가훈은 세 가지 'T'였다. '생각하고, 실천하고, 하나님을 믿자(Thinking, Trying and Trusting in God)'이다.

'도의에 입각한 이익'이나 '깊이 생각하고 시도하되 하나님을 믿자'란 가훈은 우리와도 유사하다. 남의 사업을 망치게 하거나 빼앗음으로써 자신의 사업체나 재산을 늘린다면 일시적인 富는 누릴 수 있으나 긴 안목으로서의 부는 누릴 수 없다.

부자의 연령과
미쓰비시三菱

1930년대 때의 일이다. 일본에서 어느 기자가 어떤 부자에게 '재산형성 방법'을 물어보자, "일본이란 밭은 너무나 작아서 큰 사업을 할 여건이 안된다네. 다만 전쟁이란 괴물이 생겨나서 재산을 형성케 해주는 거라네. 이를테면 청일전쟁·러일전쟁·1차 세계대전 같은 괴물 때문에 사업이 커지고 부호가 태어나게 되는 것이지……"라고 했다. 그 당시 또다른 부자에게 물어본즉 그는 사람의 나이(연령)에 연관지어 치부론을 펼쳤다. "대개 50대 이전에 거부가 된 이는 일찍 죽거나 아니면 그 아들이 재산을 물려받아 금방 재산을 탕진해버리는 등, 둘 중에 하나가 되기 쉽다네"라고 답했다.

일본맥주의 창시자인 야스다 젠지로安田 善次郞의 말로는 "40세나 50세 때는 돈이 없다는 것은 너무나 당연한 것으로 나도 60세를 넘어서부터

돈이 들어오게 된 걸세⋯⋯"라고 했다. 그 역시 50세 이전에 부자가 되는 이는 오래가지 못하더란 지론을 갖고 있었다. 현대에 와서 이런 얘기가 반드시 들어맞는다고는 할 수 없지만 한 번쯤 되새겨 볼 가치가 있는 말이 아닐까?

일본의 재산가들의 말대로 전쟁이라는 남들의 불행을 씨앗으로 거부가 된 사람 중에 이와자키 야타로(岩崎 彌太郎: 1834~1885)가 있다. 명치明治년대에 당시의 일본돈 1백만 엔을 지닌 자산가는 오로지 그 사람 하나뿐이었다. 그는 어렸을 때부터 생가의 뒷산에 올라가 눈앞에 펼쳐진 바다를 바라보고 세상에 나가 크게 날갯짓을 해보겠다고 다짐을 했었다. 1857년에 야타로는 아버지가 마을의 촌장을 다투다가 옥에 갇히게 되자 아버지의 석방운동을 하노라 이리 뛰고 저리 뛰다가 함께 옥에 갇히기도 했었다. 그 후 추방 처분을 받아 토사번(土佐藩: 지금의 四國)에 갔다가 요시다 토오요오古田 東洋라는 참정(參政: 지금의 부지사격)의 눈에 들어 당시의 유일한 개항지인 나가사키長埼에 장기간 출장을 가게 됐고 거기서 토사번의 출장소 책임자가 되어 외국과의 무역에 그 실력을 발휘하게 된다. 몇 해 후 명치유신이 되어 번제도藩制度가 없어지면서 현제도縣制度로 바뀌자(1871년) 그는 재빨리 토사土佐상회의 권리를 양도받아 미쓰비시三菱 상회라는 이름을 바꾼다. 1875년엔 회사 이름을 우편기선미쓰비시회사郵便汽船三菱會社라 고쳤는데 명치유신의 최대 공로자 중 한 사람이 사이고 타카모리西鄕隆盛가 자기 고향인 구주 사쓰마에 낙향을 해서 정부군과 전쟁을 벌이게 된다. 이것을 서남전쟁西南戰爭이라 부른다. 여기서 야타로는 정부군의 무기수송과 식량수송사업을 도맡게 된다. 1877년 2월에 시작된 전쟁은 9월 24일 시로야마城山에서 사이고가 자결하므로 종전이 된다. 이때의 군수 수송사업으로 야타로는 엄청난 재벌로 자라났다.

오늘날에도 미쓰비시라고 하면 일본 최대의 재벌로 자라나 태평양 전쟁 때도 미쓰비시 중공업과 중유重油가 있음으로써 무기생산도 가능했고 미·영·중 등 연합군과 전쟁을 치를 수도 있었던 것이다. 정변이 일어났을 때 국가산업체를 불하받아 신흥 재벌의 터전을 닦았고 내전이 일어나자 굴지의 재벌로 자리 잡게 된 예는 구소련이 무너질 당시에도 국가산업체를 불하받아 엄청난 치부를 한 러시아의 재벌들에서도 볼 수 있지 않은가? 일본의 부자들이 지닌 철학, 즉 전쟁이란 괴물 덕을 본 사람이긴

했으나 50세 거부가 되면 오래 못 간다는 철학은 이 경우엔 들어맞지 않았다. 그는 51세에 죽었지만 여지껏 미쓰비시라고 하면 부동의 재벌이지 않은가?

대장장이의 아들로 태어나
오토바이 자동차 왕王이 된 혼다本田

1906년 11월 혼다 소이치로本田宗一郎는 시즈오카현靜岡縣 하마마쓰浜松
의 한 빈농의 집안에서 태어났다. 아버지 혼다기헤이本田儀平는 농사일하
는 한편 대장장이로 일본도日本刀의 기술을 익힌 사람인데 당시에 보급되
기 시작한 자전거 수리와 개조를 하는 능력이 있었다.

혼다의 형제자매는 9명이나 됐으나 그중 네 명은 어렸을 때 영양실
조로 죽었으니 얼마나 어려운 집안이었는가 짐작이 간다. 그러나 혼다
는 아버지의 유전자를 이어받았는지 기계 수리에 유별나게 호기심이
왕성했다.

1912년 초등학교에 입학했을 무렵, 하마마쓰 보병陸軍 연대 연병장에
서 미국의 아트 스미스란 조종사의 '비행기 쇼-'가 벌어진다는 소식을 들
었다. 그러나 쇼-를 보는 입장료가 10전인데 2전밖에 지닌 게 없었다. 그

래서 그 근처 야산에서 큼지막한 소나무를 골라 올라타고 아트 스미스와 두 개의 날개를 지닌 복엽식複葉式 비행기의 날렵한 비행 쇼를 보게 된다.

생전 처음 매같이 날쌔고 빠르게 위로 아래로 자유자재로 날으는 비행기는 그의 조그마한 가슴에 불을 지른다. 마치 조그마한 용광로에 불이 붙듯이 그 불은 그의 평생을 마감할 때까지 불타게 된다.

그럴 즈음 두 번째로 그를 놀라게 한 것은 자동차와의 만남이었다.

1912년 당시까지 자동차라곤 소문으로만 들었고 동경이나 대판 등 대도시에서만 돌아다니던 자동차 한 대가 무슨 일이 있었는지 산길을 덜컹거리며 농촌마을에 왔던 것이다.

이때의 감동으로 그는 장래 자신이 걸어갈 길은 자동차라는 문명의 이기利器에 연관된 일을 하고자 다짐을 했다. 그의 아버지도 찬성을 해주고 이불과 옷을 넣은 버드나무로 된 고리짝을 메고 동경의 '아-트 상회商會'에 수리 수습공으로 들어가 22세가 될 때까지 일을 배우고 나서 고향으로 돌아와 '아-트 상회 지점'을 냈다. 천부적인 기술자였던 혼다는 금세 하마마쓰에서 두각을 나타내 주머니에 적잖은 돈이 들어오게 된다. 그 돈으로 포-드나 크라이스라 엔진을 사들여 이것을 개량해소 모-터 보-트를 만들고 지방도시의 기생들을 태우고 어촌 일대를 휩쓸고 돌아다니다 바다에 깔아둔 어망을 망치게 되어 어부들에게 배상금을 내곤했다.

그는 일류 수리공으로 만족할 수가 없어서 자동차의 부품생산에 눈뜨게 된다.

처음엔 일부 부속품으로 성공을 해서 특허까지 받고 박람회에까지 출품을 해서 호평을 받자 피스톤 링크를 제조키 시작했으나 여기선 대실패, 두 달 동안 은거 요양까지 하기에 이르렀었다. 이러한 실패는 자신이 주물에 대한 기초지식이 모자랐다는 점을 인식, 이 근본적인 원인을 고치고자 하마마쓰 고등공업학교에 청강생으로 들어가 연구를 했다. 비록 작은 회사라 할지라도 사장의 신분으로 고교청강생이 된다는 것도 쉬운 결단은 아니였을 것이다.

1937년 7월에야 제작이 시작되어 도요타 자동차에 납품을 했다. 그러나 50개 중 3개밖엔 합격이 안 되어 다시 비참해졌다.

태평양 전쟁이 일어나자 군수산업으로 급성장을 해서 종업원 수천 명의 대기업이 됐으나 1945년 종전이 되자 자신의 주식지분을 모조리 팔아버린다. 도요타의 하청업자가 되는 게 지긋지긋해졌기 때문이다.

1년간의 휴식기간인지(?) 농땡이 시기를 지낸 후 모-터 바이크 제조로 방향 전향을 했다. 전쟁 기간 동안 군軍에서 쓰다가 버린 통신기의 소형 엔진이 창고 가득히 남아 있는 것을 보고 이 엔진을 자전거에 부착하는 데 착안을 했다.

이 보조 엔진이 붙은 자전거는 당시의 극도로 혼란한 교통사정으로 인해 날개 달린 듯 팔려나갔다. 이 소형 엔진 수량이 떨어지자 혼다는 소형 엔진의 직접 제조에 손을 댔다. 이 사업자금 때문에 그의 아버지는 평생 동안 애지중지하던 산림山林까지 팔아 넣게 됐다.

이 엔진이 혼다의 이륜二輪 엔진의 기초가 됐다. 그러나 아무리 잘 팔려도 자전거의 보조엔진밖엔 아니 되므로 본격적인 오토바이 제작에 전력투구를 했다.

1949년에 비로소 오토바이가 완성되어 '드림호'란 이름을 붙였다.

스피드에 꿈을 싣는다란 뜻으로 붙인 것이었다.

이때에 중요한 동료 한 사람을 만나게 된 것은 숙명적인 운(?)이었다.

후지사와 타케오藤澤武雄가 그 사람이다. 서로 성격은 판이했지만 연구개발은 혼다가 맡고 판매는 후지사와가 맡음으로 해서 그야말로 이륜二輪체제로 날개를 달고 비상을 시작했던 것이었다.

1950년엔 동경東京에 지점을 열었다. 그리고 새로운 환경에서의 연구가 결실을 맺어 1953년엔 전체 일본日本이 불황에 빠져든다. 더욱이 외국의 공작기계를 비싸게 도입한 혼다기술연구소는 심각한 자금난에 봉착했다. 혼다는 여기서 수금이 빨리 될 수 있는 제품개발을 하고자 결심을 했다.

1차 위기를 간신히 넘긴 혼다는 1954년도에 그 당시에 오토바이 레이스(경기)의 최고봉인 영국의 만아일랜드의 TT 레이스에 참가키로 한다. 현실적으로 이 레이스에서 성적을 부쩍 올리지 않으면 오토바이 시장에서 외국제에 밀리고 살아남기 어렵다고 판단, 전력투입을 했다.

그러나 당시의 외국제 오토바이의 배기량에서 마력馬力은 혼다제의 세 곱절이나 나오던 때였다.

피 눈물 나는 노력 끝에 7년이 지난 1961년에 급기야 TT 레이스에서 첫 우승을 차지했다. 여기서 여세를 몰아 1962년에 사륜四輪 진출을 공식 발표했다.

1961년도에 정부가 '특수산업진흥임시조치법'의 입법화를 검토하고 있다는 것을 알고 나서부터였다.

여기서 사륜 메이커에 지정이 안 되면 자동차 제조의 기회를 영구히 잃을 것으로 판단했기 때문이다. 먼저 혼다는 경량급 스포츠카 S500을 발표하고 사륜제조에의 이정표를 확보한다.

1964년엔 고속회전 엔진을 만들어냈는데 여기서 또 문제가 되는 것은 이 고속엔진을 견뎌낼 수 있는 차체車體를 어떻게 만드느냐? 하는데 있었다. 1965년엔 차체까지 만들어 씌운 레이스카로 레이스에서 첫 우승을 했다. 연이어 미국의 '인디카-커-트 시리즈'에서 이기는 등 계속 발전을 거듭하던 중 1993년 84세를 일기로 작고를 했다.

그러나 '혼다기술공업'은 급기야 소형제트기를 개발했고 미국에서의 테스트 비행에서도 성공을 거두었다.

한국에서도 혼다 오토바이는 물론 혼다 자동차가 도요타에 이어 널리 알려져 있음은 누구나가 알고 있는 현실일 것이다.

고바우 김성환 화백의

일본 거상기담

| 초판 1쇄 인쇄일 | ㅣ 2016년 3월 29일 |
| 초판 1쇄 발행일 | ㅣ 2016년 3월 30일 |

지은이	ㅣ 김성환
펴낸이	ㅣ 정진이
편집 / 디자인	ㅣ 북웰메이드
인쇄처	ㅣ 으뜸사
펴낸곳	ㅣ **JCG**

등록일 2016 1 12 제2016-9호
서울시 강남구 역삼동 83길 16-2, 301호
Tel 02-442-4623 Fax 02-6499-3082
www.blog.naver.com/jcg2016
jcg2016@naver.com

| ISBN | ㅣ 979-11-957660-0-0 *03320 |
| 가격 | ㅣ 12,000원 |

* 이 도서의 국립중앙도서관 출판시도서목록(CIP)은 서지정보유통지원시스템 홈페이지
 (http://seoji.nl.go.kr)와 국가자료공동목록시스템(http://www.nl.go.kr/kolisnet)에서
 이용하실 수 있습니다.(CIP제어번호: 2016007718)